동남아의 예술세계

[1] 동부 자바에 소재하는 짠디(사원) 싱아사리에 안치된 라밀다)의 석상으로 1300년에 제작되었으며, 자바 왕실의 후견을 받았다. 이 석상은 뿌뜨리 데데스(Putri Dedes)의

여신 쁘라즈냐빠라미따(Prajnaparamita, 반야바 이 시기에 힌두교와 불교는 공히 동부 싱아사리의 초대 국왕의 왕비인 초상으로 여겨진다.

동남아의 예술세계

피오나 컬로그 저
박장식 외 공역

솔과학
SOLGWAHAK

Arts of Southeast Asia

Published by arrangement with Thames & Hudson, London
© 2004 Thames & Hudson Ltd, London

This edition first published in Korea in 2012 by Institute for Southeast Asian Studies,
Busan University of Foreign Studies, Busan
Korean edition © Institute for Southeast Asian Studies, Busan University of Foreign Studies

동남아의 예술세계

초판인쇄   2012년 5월 30일
초판발행   2012년 5월 30일

지은이   피오나 컬로그
옮긴이   박장식 외
펴낸이   김재광
펴낸곳   솔과학

출판등록
주소   서울시 마포구 염리동 164-4 삼부골든타워 302호
대표전화   02)714-8655
팩스   02)711-4656
⊙ 이 역서는 2009년 정부 교육과학기술부의 재원으로 한국연구재단의 지원을 받아
   수행된 결과임(NRF-2009-362-B00016)

ISBN   978-89-92988-74-2
⊙ 한국어판 © 부산외국어대학교 동남아지역원, 2012
이 책의 내용 전부 또는 일부를 이용하려면
반드시 저작권자와 도서출판 솔과학의 서면동의를 받아야 합니다.

목 차

역자 서문

문득 1989년 7월 처음으로 동남아의 관문이라 할 수 있는 방콕에 도착했던 그때 기억이 떠오른다. 우기임을 감안할 때 방콕은 칙칙한 분위기일거라는 생각은 동남아에 첫 발을 내디딘 '입학생'다운 아주 당연한 착각이었다. 눈앞에 펼쳐지는 야자수가 일단 한국을 떠났다는 느낌을 분명히 해주는 일종의 시각적 표지라면, 거의 원색에 가까운 색상이 특별한 구성을 띠지 않고 그것도 엄청나게 다양한 색상이 마구 섞여있었던 방콕 시내의 장면들은 지극히 동남아적인 표상이었다. 특히, 호텔의 높은 창에서 아래로 내려다보면 무엇보다 택시의 원색적이고도 다양한 색상의 도색은 한마디로 재미있는 풍경을 제공한다. 방콕에서 유독 많이 보이는 보라색 계통의 색상은 붉은색이 가미될수록 자칫 유치한 싸구려 티를 낼 수 있어 매우 신중하게 선택해야 하는 법이지만, 방콕을 무론하고 동남아 전역에 걸쳐 그 어디에도 그런 고려는 엿보이지 않는다. 한국의 도로에서 볼 수 있는 회색, 검정색 계통의 색상은 동남아에서는 기대하기 어렵다. 사실 동남아는 칙칙해야 할 이유가 없는 것 같다. 우기이지만, 밝은 태양이 구름 속에서 자주 나와 도시의 이미지는 전혀 어둡지도 않으며, 밝은 색상은 동남아적 상징성을 발휘하고 있었다.

확고하게 고정된 관념이라 할지라도 그것이 형성된 지역을 떠나 새로운 장소와 환경 속에 놓이게 되면, 관념을 둘러싼 강한 껍질은 결국 벗겨진다. 다소의 문화적 충격은 받게 되겠지만, 허물어지는 데는 많은 시간이 걸리지 않는다. 그리고 그 유치하다고 생각했던 색상을 나도 모르게 좋아하게 된다. 한동안 동남아에 현지조사를 다니면서 정말 이것저것 맘에 들었던 소품들을 (큰 것도 갖고 오고 싶었지만) 어지간히 사서 나르지 않았던가? 이사를 할 때쯤이면 항상 괴상한 냄새를 풍기는 이 이국적 작품들을 어떤 식으로든 정리하여 새 집에서 추방시키길 원하는 아내와 갈등을 빚기도 했다. 가련한 소품들의 영주권을 부여하기 위해서 내세울 수 있는 유일한 논리는 바로 '예술작품'이라는 한마디였다. 지금의 기억으로는 아내의 반론은 단순한 '공예품'으로 '예술'적 가치가 없는 것이니 이 정도에서 방출하자는 얘기였다. 그렇게 되면 역자는 '예술'과 '공예'라는 두 용어의 개념을 동남아의 맥락에서 설명해야 했다. 우리가 상식적으로 알고 있는 그 개념들이 동남아에서는 어떻게 변형되었는지, 또 어떤 새로운 개념들이 내재하고 있는지 그래서 그 소품들이 얼마나 중요한 것인지 점증하는 목소리로 외쳐야 했다.

동남아 여러 지역으로 다닐 기회가 늘어나면서 엄청난 종교적 건축물의 위용에 놀라지 않을 수 없었다. 어떻게 이런 곳에서 상상도 못했던 규모의 건축물이 존재할 수 있는지 의문이 든 것이 한두 번이 아니었다. 그 회랑에서 발견되는 부조와 표현할 적절한 수사어구를 찾아낼 수 없을 정도로 미학적 표현미를 자아내는 조각을 비롯하여 일상생활에서 찾을 수 있는 옷감의 섬세한 문양에 이르기까지 동남아 예술 분야의 소재는 무궁무진하다. 사실 동남아의 과거와 현재는 우리가 상상하기 어려운 사실들의 기초 위에 세워진 것이다. 청동, 바다, 교역, 향료, 정령, 붓다, 시바, 비시누, 사원, 사암, 벽돌, 부조, 조각, 실크, 바띡 등 동남아의 형성에 관여한 많은 요소들은 결국 인간생활을 위한 것이었고 그것은 결국 '예술'로 승화되었다. 동남아를 하나의 인식 단위로 전제한 연구방법을 모색하고 있는 고뇌 가운데에서 우리가 찾았던 예술 분야는 엄청난 새로운 시각을 제공해 주었다. 역사적 사실에서 비롯하여 정치와 경제 활동, 사회 행위, 종교사상 등 동남아인들의 삶의 과정에서 발현된 것은 거의 모두 예술품에 반영되어 있기 때문이다. 그러나 다양한 동남아의 토양 위에서 예술을 전체적인 시각으로 이해한다는 것은 정말 힘든 일이었다. 그런 의미에서 영국의 Thames & Hudson 출판사에서 '세계의 예술(World of Art)' 시리즈로 발행된 『동남아의 예술세계』(원서명: Arts of Southeast Asia)는 동남아지역연구(인류학) 전공자로 현재 런던의 Horniman Museum에서 수석큐레이터로 활약 중인 피오나 컬로그(Fiona Kerlogue)의 동남아에 대한 인식과 동남아 전 지역에 걸친 해박한 지식 및 학문적 통찰력이 결합되어 동남아의 예술에 관한 알찬 내용이 담겨있다. 이 저서는 내용적으로는 상당한 전문지식을 전하고 있지만, 동남아를 진정 알기 원하는 일반인들에게도 매우 유용하다. 의미를 모르면 그 외양을 파악하기 어렵다는 맥락에서 이 책의 존재가치는 그 빛을 발한다. 동남아의 종교가 예술과 직접 관련성을 맺고 있고, 그런 종교적, 예술적 특성이 오늘날 동남아 전 지역에 걸쳐 드러나고 있다는 사실만으로도 이 책의 진가는 충분한 것 같다. 동남아 지역을 하나의 단위로 인정할 수밖에 없는 결정적인 사실들이 예술(이 책에서는 '미술'의 의미가 강하다)을 통하여 나타난다는 것도 이 책의 번역을 선택하게 된 결정적인 동기가 되었다. 본 지역원의 모든 연구교수들이 번역에 동참한 것도 바로 그런 담론을 무시할 수 없었기 때문이다.

본서의 특성상 본문의 내용은 참으로 어려웠다. 동남아의 구석구석을 다 알고 있다고 생각했지만, 생소한 내용은 수도 없이 쏟아져 번역의 고통으로 신음할 수밖에 없었다. 본문의 난해한 유적이나 작품의 설명을 보다 명확하게 풀어내기 위하여 우리가 면밀히 검토했던 사진자료와 참고문헌을 생각하면 아찔할 정도이다. 여러 번의 번역과 자체 감수를 통하여 교정을 봐 왔지만, 저자의 그 통찰력을 다 담아내지 못했다는 아쉬움은 남는다. 완벽을 기하지 못했다는 미련은 향후 본 지역원의 연구 사업에서 보완하여 다시 세상에 좀 더 구체적인 방법으로 해명해 나갈 계획에 묻어야 했다. 본 지역원의 동남아 용어 표기에 관한 원칙(아직 구체적으로 확정한 것은 아니지만)에 입각하여 현지어 발음을 중시하였고, 극히 전문적인 미술용어는 피하여 일반인들도 쉽게 이해할 수 있는 표현을 가급적 채택하고자 노력하였다. 예술이란 분야가 추상적 개념이나 관념을 풀어내야 하는 학문적 특성을 요구하는 것이기에 대중적인 접근을 동시에 추구하려는 의도는 늘 장애물로 역자들을 괴롭혔다. 그러한 어려움을 잘 알기에 이 책을 공동 번역한 본 지역원의 연구교수 네 분에게 정말 노고에 대한 감사를 표하고 싶다. 당연한 얘기겠지만, 수도 없이 모였던 번역 회의에서 갖은 질고를 짊어졌던 공동 역자들과 함께 본서의 한국어판 출판의 가장 큰 기쁨을 나누고자 한다. 이 모든 고통들이 한국의 동남아 연구와 나아가서는 대중들에게 동남아를 순전히 알린다는 순수한 학자적 사명감으로 발산되길 바랄뿐이다. 또 다른 특별한 감사는 도서출판 솔과학의 김재광 대표에게 돌아가야 마땅할 것 같다. 상업성을 따지지 않고 동남아 관련 전문도서 출판을 기꺼이 허용하고, 출판에 쏟아주신 그 정성에 감사드린다. 한국어판 출판의 까다로운 편집에 갖은 고생을 다해 주신 이수정씨와 동남아 현지어 교정에 수고를 아끼지 않으신 동료 교수들에게도 감사의 마음을 전한다.

2012년 5월 20일
역자들을 대표하여
박장식

들어가기

지난 40년 동안 동남아 예술의 지적 판도에 큰 변화가 일어났다. 새로운 연구의 등장으로 기존 관점들이 바뀌었고, 동남아 예술의 낡고 고전적인 힌두적 관점에서 탈피한 저작들이 쏟아져 나왔다. 동남아 출신 저자의 글도 나오면서 비평적 논쟁의 범위가 확대되었다. 동남아의 초기 정착인의 예술적 세계에 대한 새로운 통찰력도 최근의 고고학적 발굴과 유물의 분석에 요구되는 기술 개발을 통하여 가능해졌다. 예를 들어, 태국 반찌앙(Ban Chiang)에서 발견된 선사시대의 토기[3]에 표현된 대담한 문양의 종류와 범위에 관한 지식도 1970년대 그 지역에서 실시되었던 발굴조사 이전에는 상상조차 할 수 없던 것이었다. 19세기 말에 발견되었던 대만 빠이난(Peinan) 소재의 신석기 시대 유적지는 1980년에 이르러

[2] 아삼의 나가족(Naga)의 여러 물질문화는 동남아의 타 종족집단과 분명한 연결고리가 있음을 보여준다. 직물의 상징적 대비와 인간 사냥은 보르네오(Borneo)의 이반족(Iban)에도 나타나며, 가령 코뿔새(hornbill)의 깃털을 머리 장식에 사용하는 것도 이와 유사한 중요성을 지닌다. 사진 속의 치장 옷감은 보통 망토로 이용된다. 면과 고둥. 1505×876mm.

[3] 1966년에 발굴된 태국 북부지역 반찌앙의 선사 유적지는 거의 5천 년간 유지된 것으로 여겨진다. 가장 잘 알려져 있는 유물은 화려한 소용돌이 문양이 새겨진 항아리 토기로 기원전 300년에서 서기 200년까지의 것으로 추정된다.

조사가 완료되었다. 20세기 말 캄보디아, 라오스, 베트남 등과 같은 국가에서 평화가 정착되고 개방이 이루어지면서, 서구 학자들도 그곳 소재의 박물관에 소장된 고대 유적과 유물에 주목하는 새로운 연구를 착수할 수 있게 되었다. 중국과의 정치적 화해가 이루어짐에 따라 중국과 동남아의 예술 관계를 면밀히 탐구할 수 있는 기회도 생겨났다. 동남아의 정치적, 사회적 변화 또한 신선한 패기와 에너지를 예술 분야에 유입한 신세대 예술가를 태동케 하여, 기존의 전통은 유지되기도 하고 도전에 직면하기도 했다. 이와 동시에, 예술에 관한 서구적 분석 방법도 관념의 표현을 정형화함에 있어서 맥락과 정치·사회적 문화의 역할을 더욱 강조하는 방향으로 변하였다. 지금까지 살펴본 이러한 발전 과정이 바로 본서의 저작 동기가 되었다.

일반적으로 '동남아시아'라는 용어는 이제 아세안(ASEAN, Association of Southeast Asian Nations, 동남아국가연합)에 속하는 국가들을 지칭할 때 사용된다. 예술과 문화의 관점에서 이들 국가그룹을 하나의 단위로 묶어 고려할 수 있느냐 하는 점은 별개의 문제이다. 지리와 언어의 측면에서 동남아는 두 부분으로 나뉘는데, 말레이시아의 도서(보르네오섬의 북부지역-역주)와 반도, 브루나이, 싱가포르, 인도네시아 도서 및 필리핀을 망라하는 도서부와 미얀마, 라오스, 태국, 캄보디아 및 베트남을 포괄하는 대륙부가 그것이다. 하지만, 정치적 경계는 문화 패턴과 정확하게 일치하지 않는다. 선사시대에 남서부 중국에 거주하던 오스트로네시아어족들이 도서부를 통하여 남쪽으로 이주하면서 오늘날까지 전해

[4] 12세기 크메르 양식의 시바 사원인 프놈룽 사원 (Prasat Phnom Rung)의 본탑을 서쪽에서 바라본 모습. 시바신의 상징인 링가의 복제품을 쁘랑(prang) 중앙의 원래 위치에서 볼 수 있다.

지는 그들의 우주관, 언어, 친족제도, 물질문화 및 예술 양식을 가져왔다. 그 이후 따이어족이 북쪽으로부터 내려와 대륙부의 하천 유역에 정착하였다. 북서쪽인 인도의 아삼(Assam) 일부 산지민[2]과 안다만(Andaman) 제도의 토착민 그리고 오세아니아 제도의 일부 주민에게서도 문화적인 관련성이 엿보인다. 또한, 선사시대 오스트로네시아어족 문화의 확산에 있어서 대만의 일부지역도 간과해서는 안된다.

세계적 종교의 영향으로 동남아 내부의 여러 문화가 연결되는 결과를 낳았고, 또한 상호간의 차이를 명확하게 해주었다. 여러 면에서 구분할 수 없을 정도로 밀접한 관계를 지닌 힌두교와 불교[4]는 거의 동시에 대륙부와 도서부 동남아에 전파되어, 특정한 시기 동안 많은 초기 왕국들에 공존하였다. 그러나 이들 종교의 정착한 정도는 상당히 달랐다. 대륙부에 있어서 불교는 여러 중심지에 도입되어 신자들이 증가했으며, 서쪽으로는 미얀마, 동쪽으로는 베트남에 이르기까지 지배적 종교로 자리 잡았다. 그 반면에 대부분의 도서부는 그 후 이슬람교 또는 적은 수이긴 하지만 기독교[5]를 채택하였다. 토착신앙은 많은 사회에서 강하게 남아있었지만, 보통 새로운 종교적 요소와 뒤엉켰다. 발리 섬에서는 독자적인 형태의 힌두교가 발전해왔다.

언어와 종교에서 나타나는 전반적인 유사성을 통하여 대륙부와 도서부 각각의 문화를 규정할 수 있는 한편, 문화의 근원적인 패턴에 있어서는 상당한 다양성이 존재한다. 물질과 상징에 관련된 예술적 표현에 영향을 미치는 언어, 의상, 신앙 또는 풍습의 측면에서 확연히 구별되는 수백의 종족집단이 있다. 친족, 경제활동, 사회구조, 관습 및 의례의 유형은 동남아 전역에 걸쳐 매우 다양하며, 이러한 차이는 종종 물질이나 행위의 예술적 표현으로 나타난다.

[5] 그리스도의 이미지가 전통적인 끄냐족(Kenyah, 보르네오 섬의 동북부지역에 주로 거주하는 소수종족으로 대부분이 기독교도이다-역주)의 문양을 배경으로 걸려있는데, 이 두 가지의 병합으로 삶과 부활을 표현하고 있다. 외부세계의 이미지를 현존하는 예술적 담론으로 자연스럽게 편입시키는 것은 동남아 예술의 혼합주의적 특징이다. 사라왁(Sarawak)의 바람(Baram) 강 상류에 위치한 롱산(Long San) 교회.

그럼에도 불구하고, 여러 민족과 문화가 존재하는 동남아를 하나의 포괄적인 지역으로 입증할 수 있는 충분한 공통점들이 있다. 도서부와 대륙부에는 공히 동양과 서양을 연결하는 해상과 육로라는 두 개의 주요한 교역로가 놓여있다. 적어도 서기 첫 천년의 시작부터 중국과 인도를 오가는 화물을 적재한 선박들이 동남아 해안에 자리한 항구에 정박하여 교역을 함으로써 그 지역 지배자들에게 엄청난 부의 원천을 제공하였다. 오지 삼림의 목재, 수지(resin), 동물, 산지와 강 유역의 보석과 광석, 동쪽 제도의 향료 등 풍부한 천연 물산도 해외의 요구를 충족시켰고, 이 지역에 재화를 안겨주었다. 하구(초기 항구)에 가까이 자리한 부유한 지배자들은 해외 교역을 주도하여, 상류에서 공급되는 물산을 값비싼 수입물과 교환하였다. 이러한 외국인과의 상호 교류와 그 결과로 발생한 하류와 상류의 거주민 간의 접촉 양상은 동남아 전역에 걸쳐 나타났으며, 해외 교역을 통해 영향을 받은 예술 형태를 널리 공유하는 결과를 낳았다.

지리적 차이로 인하여 동남아 전역에 걸쳐 농업과 사회 제도에는 대조적인 양상이 생겨났다. 산지의 토지는 화전 경작에 의존할 수밖에 없어, 삼림을 채벌하고 몇 계절을 경작한 후 토양의 회복을 위해 휴한기를 두었다. 각 가족이 경작하는 토지는 상당한 거리에 분산되어 있기 때문에 안정된 단위로 관리할 수 있는 공동체의 규모는 비교적 작았다. 그래서 고산지대에는 보통 가족의 수장이 지배하는 족장제의 형태가 발달했다. 이와 대조적으로, 저지 평원과 하천 유역은 풍부하고 비옥한 물이 흐르는 하천이 있어 큰 수확을 볼 수 있는 수도(wet rice) 경작이 가능하

였다. 인구가 증가함에 따라 지배자들은 잉여 쌀과 권력
을 축적할 기회가 생겨났다. 개인이나 가족 또는 마을 주
민들은 공예품 생산 혹은 다른 활동에 전념할 수 있었고,
그들의 생산품은 타인이 생산한 주식과 교환할 수 있었
다. 군대를 양성하고, 노동력을 모아 관개시설과 마을 및
이후엔 도시도 건설할 수 있었다. 고도로 계층화된 사회
발전의 태동은 바로 저지대의 정착지에서 비롯되었고, 마
침내 왕실을 중심으로 한 도시국가로 성장하게 되었다.
캄보디아, 베트남, 미얀마 및 태국을 비롯하여 인도네시
아에서 현존하는 초기 예술품의 대부분은 이러한 왕실에
서 기원하였다.

동남아 예술에 대한 연구는 한때 거의 전적으로 고대
왕국[6]의 기념비적 건축물과 조각에 집중되었다. 이러한
연구의 초점은 예술적 감수성이 사회의 특정 계층에게만
국한되어 있었다는 제대로 검증되지 않은 가정에 근거했
다. 그 결과로, 사회의 다른 계층에 의해 혹은 그 계층을
위하여 만들어진 엄청난 범위의 작품들을 제외할 정도로
지배 계층 또는 왕실을 위하여 제작된 희귀한 귀중품에
집중하였던 것이다. 하지만, 동남아 지배자들은 흔히 변
방의 촌락지역에서 일하던 공예가들을 불러들였기 때문
에 서구에서 인식되던 순수 예술과 대중 예술의 이분법은
(이 지역에서는) 항상 분명하거나 의미 있는 것이 아니었
다. 대부분의 비평가들은 이제 예술을 정의함에 있어 왕
실에서 사용하는 재료에서부터 농촌에서 사용하는 것까
지 다양한 매체와 청동기시대부터 현대까지 폭넓은 기간
을 포함한다.

동남아의 힌두−불교적 예술과 건축에 관한 서구학자

들의 초기 연구에서는 인도 원형(prototype)과의 관련성을 너무 과도하게 강조했던 것으로 여겨진다. 서기 첫 천년의 초기 몇 세기에서부터 인도의 관념이 동남아 문화에 도입되어 혼합되었지만, 한때 이러한 과정을 설명하는 데에 널리 사용되었던 '인도화'라는 용어는 지금에서 보면 너무 과장된 것으로 여겨진다. 인도적 개념으로의 통합이 생각했던 것만큼 그다지 깊이 있게도 널리 확산된 것도 아니었다. 또한 전적으로 한 방향으로만 흘러가지 않고 장기간에 걸쳐 미묘한 상호작용이 존재했던 흔적이 남아있다. 그럼에도 불구하고, 인도에서 동남아 문화의 목록 속으로 들어왔던 표현의 요소들은 오랜 기간 지속했고 널리 퍼졌으며, 동남아 예술의 설명에 있어서 반드시 인식되어야 할 것이었다. 이와는 대조적으로, 유럽과 동남아의 역사가 교차했던 시점이 있었음에도 불구하고, 유럽의 영향은 최근에도 사소한 것으로 여겨진다.

동남아 예술가들은 인도나 중국, 동남아 내부 혹은 그보다 더욱 먼 곳으로부터 수세기에 걸쳐 도입되었던 관념과 기술 및 물질의 채택과 적용에 있어서 항상 선택적이었다. 이런 예술가들은 이미 강력한 현지 전통을 가지고 있었다. 오늘날에도 그 전통은 계속해서 토대를 형성하고 있고, 그 토대의 바탕 위에서 최근의 표현 방식이 발전해오고 있다. 하지만, 이런 전통은 결코 정적이지 않다. 도상(iconography), 제작 과정, 의례 의식 및 이것과 관련된 물질문화는 지속적인 변화와 혁신의 상태에 있다.

스타일의 발전을 추적하는 가운데 발생하는 연대에 관한 의문점도 동남아 예술 연구에 있어서 특별한 문제를 제기한다. 건축 스타일은 절충적인 특성을 보이고 있어,

문헌적 증거자료가 희박한 경우 건물이나 조각의 제작 시기를 정확하게 추정하기 어렵게 만들기도 한다. 수세기 전에 건축된 유적도 그보다 훨씬 오래 전에 세워졌을 가능성이 있다. 이는 흔히 원래의 건축물에 대한 개념의 모순에서 비롯되는 결과로 인하여, 여러 세기를 거치면서 많은 건축물이 추가되거나 부분적으로 파괴된 경우도 많기 때문이다. 건축물의 기능은 시간의 흐름에 따라 자주 변하였다. 많은 고대의 종교적 성소가 특정한 종교적 공

[7] 붓다의 이미지를 나타내는 주요 특징은 조각의 묘사에 근거를 두고 보면 여러 세기를 거치면서도 변함없이 남아있다. 북부 태국에서 제작된 이 청동 불상은 촉지인(earth-touching mudra)을 하고 있다. 촉지인은 미혹의 세력인 마라(Mara)에 대한 승리의 순간과 득도의 완성을 표현한다. 높이 760mm.

동체를 위한 장소로 지속되었지만, 이곳이 다른 종교의 성소로 변모할 수도 있었다. 여전히 일부 건축물은 순례의 장소로 여겨지지만, 오늘날 모든 성지 순례가 같은 목적을 띠고 있는 것은 아니다.

특히 대륙부에 있어서 조각 형태는 기존의 규범을 준수하려는 경향이 있었고, 보통 오랜 기간 동안 정착되어 온 전형[7]을 모방하여 재생산하였다. 고대 예술의 형상은 대개 현대 작품에서도 구현되고 있어 과거 시대는 현재에도 지속되고 있다. 그런 맥락에서 마치 종의 진화를 반영하듯 일종의 예술적 진화 같은 어떤 분명한 일련의 발전이 있었던 것처럼, 스타일을 기준으로 특정한 작품의 연대를 추정하는 것은 분명히 적절하지도 유용하지도 않다. 많은 동남아적인 맥락에서 보면, 예술에 있어 일련의 진보에 관한 생각이나 작품이 제작된 원래의 장소 또는 그 제작자 혹은 제작된 시기를 통하여 작품을 판단하려는 시도는 부적절하고 쓸모없는 일로 여길 수밖에 없다.

특히 비서구 문화권의 예술 작품을 평가하는 방법에 관한 관념은 지난 수십 년에 걸쳐 엄청나게 변화하였다. 서구인이 동남아의 예술을 바라보는 방식에 있어서 동남아 현지인들도 공감할 수 있는 부분이 있다. 예를 들어, 균형, 조화, 대조 및 대칭의 존재는 모든 인간이 이러한 현상에 대해 공통적인 심리적 반응을 보인다는 점에서 그 어떤 관찰자도 인식할 수 있다. 이와 유사하게, 반복성, 색상의 조합, 선과 곡선의 구별, 빛과 그림자의 대조 등에 관한 인식과 미학적 평가는 문화와 관련된 문제라기보다는 인간의 기본적인 지각의 문제인 것처럼 보인다. 그러나 그런 예술적 현상에 부여된 의미는 달라질 수 있

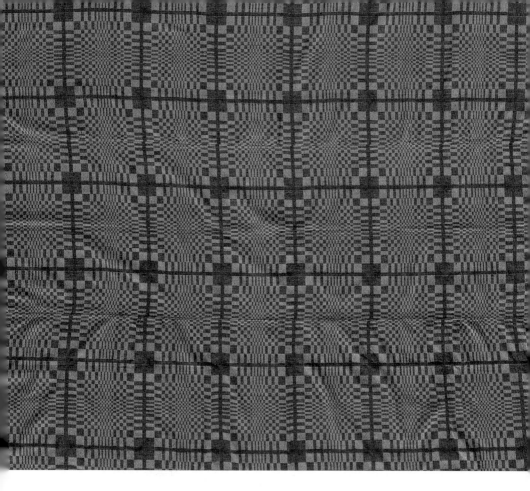

[8] 필리핀의 아브라(Abra) 지역에서 제작된 비나꼴(binakol, 아브라 지역의 직조 기술 중의 하나로 균등한 기하학적 양식으로 파도를 표현하여 현기증을 유발시키는 것 같은 시각 효과를 주는 문양—역주) 담요의 자세한 모습. 2185×1670mm.

다. 예를 들어, 북부 필리핀 루손(Luzon) 섬의 띵구이안족(Tinguian)의 직물로, 보는 사람으로 하여금 눈을 현란하게 만들어 황홀의 지경이나 영적 세계로 들어가게 하는 인상적인 비나꼴(binakol) 담요[8]는 표면적으로는 상당한 유사성이 엿보임에도 불구하고 20세기 서구 예술가들의 옵아트(Op Art, 기하학적 형태, 미묘한 색채 관계, 원근법 등을 이용하여 착시 현상을 일으켜 환상을 보이게 하는 시각 예술의 한 종류—역주) 디자인과는 그 맥락에 있어서 사뭇 다르다.

예술적 의미의 어떤 측면에서는 문화권간에 현저하게

일치하는 부분이 있다. 행성 특히 태양과 달의 중요성 및 이런 행성과 낮과 밤, 삶과 죽음, 남자와 여자와의 관련성은 이 세상의 대부분 지역에서 비슷한 공감을 지닌다. 흰색은 순수를, 빨강색은 피를, 검정색은 죽음을 연상시키는 것은 흔하긴 하지만, 그렇다고 보편적인 것은 아니다. 동남아에서 이 세 색상은 전체성을 나타내는 많은 곳에서 함께 나타나며[9], 힌두교의 삼신인 시바, 비시누, 브라흐만과 관련된 곳이나 인간의 생명을 탄생시킨 신성한 장소에서도 볼 수 있다.

그래서 서구 관찰자들은 서로 다른 환경과 역사 속에서 파생되는 세계와 그 속에서의 예술 공간에 관하여 유럽인과 동남아인들은 매우 다른 이해를 하고 있다는 사실을 인식할 필요가 있다. 두 전통은 시대를 초월하여 권력과 가치와 의미를 창출해내는 미학의 힘을 인정한다. 서구에

[9] 술라웨시(Sulawesi) 따나 또라자(Tana Toraja)의 가옥에 새겨진 수탉의 이미지. 검정색, 빨강색 및 흰색의 조화는 그 곳 전역에 있어서 상징적 의미를 나타낸다.

 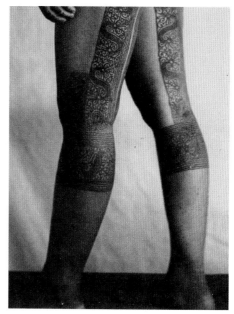

[10] 이러한 가족의 헌물을 만드는 여성들은 기본적인 관례 안에서 예술적인 해석에 관해 상당한 자유를 가진다. 일단 신과 귀신이 헌물의 본질을 가져가면, 그 봉헌물의 나머지는 가족들이 먹게 된다. 발리 섬의 까랑가셈(Karangasem).

[11] 끄냐족 여성의 다리에 새겨진 문신. 헨드릭 틸레마(Hendrik Tillema)가 1931-33년에 보르네오 섬의 아뽀까얀(Apo Kayan)에 여행 갔을 때 촬영한 사진이다. 그의 기록을 보면, 사망한 이후 영혼은 조상들의 영혼과 조우하게 될 다음 세계로 진입하는 다리를 건너기 전에 문지기의 시험을 거쳐야 한다. 이를 위해 문신을 완성해야 하고, 그 문신은 길을 비추는 광채를 낼 수 있다.

서는 '예술'의 범주가 사회적 맥락과 분리하여 실용적 기능을 지니지 않은 물질적 대상과 관련된다. 동남아에서는 그 범주가 더 넓고 아주 애매모호하다. 여기에서는 미학적 기준과 영적인 힘은 공히 발리의 사원 축제 때에 봉헌하는 다양한 색상의 쌀로 만든 헌물[10] 또는 보르네오의 남성이나 여성의 다리와 팔에 새기는 문신[11]처럼 일시적인 수단과 관련성이 있는 것 같다. 예술적 대상이 물체라면, 그것을 우선 영혼이 들어가는 껍질로 여기고 그 표면은 부분적으로 일종의 스크린으로 여겨 그것을 초월하여 보다 심층적인 실체가 작용하는 것으로 생각한다.

물질과 매체가 예술적 유산의 요소를 구성한다는 생각에도 일치하지 않는다. 서구의 예술에 관한 인식은 그리스-로마 고전기의 관념에서 토대가 마련되어 르네상스를 통하여 발전해왔다면, 동남아에서는 그런 인식은 인도의 서적과 초자연적 힘과 관련된 토착적인 개념에서 파생되었다. 개별 예술가들을 대표하는 회화가 없는 상태에서 동남아 예술에 관한 서구의 연구는 고대 인도의 예술품과 연결될 수 있는 고전기의 건축물과 조각에 집중되는 경향을 보여 왔다. 이러한 분류에 적합하지 않은 다른 예술적 표현의 매체는 예술보다는 공예로 여겨져 무시되었다. 예술가들이 자신의 작품에 서명을 하지 않고 한 작품을 많은 사람들이 공동으로 제작하는 경향 또한 서구 연구의 대상에서 대거 제외되는 이유가 되었다. 창조적인 천재의 작품을 예술로 간주하는 (서구의) 개념도 예술가의 역할에 대한 전통적인 동남아의 생각과는 전혀 맞지 않았다. 물론 동남아의 예술 작품들 중에도 때로는 종교적인 순수성의 관점에서든지 환상[15]을 통하여 다른 세계와 연결한다는 관점에서든지 고도의 수준에 올랐던 개인들에 의해 제작된 것이 있었다. 발리에서는 멋진 작품을 만들어낸 제작자는 그 작품의 진정한 원조인 고귀한 권력자(딱수 taksu)를 위하여 중개 역할을 하는 것으로 널리 알려져 있다. 이러한 관념은 동남아 전 지역에 걸쳐 유사한 형태로 확산되어 있으며, 예술가들이 때론 영감을 받아 활동한다고 믿었던 과거 유럽의 생각과도 어느 정도 유사한 부분이다. 사실 영감의 믿음에서 창조적 천재의 인식으로의 변화는 서구사회의 세속화가 진행되었음을 나타내는 표시일 수도 있다.

예술이 일상 세계와 분리되어야 한다는 관념은 동남아에서는 비교적 최근에 도입된 것이다. 동남아의 주류 문화 속에는 예술을 대개 일상생활의 총체로 간주하고, 그 속에서 숙련된 공예 기술에 의해 제작된 작품은 스타일과 미학적 차원에서 평가되어 왔지만, 어디까지나 그 작품의 역할은 기능적인 것에 있었다. 작품 그 자체만으로 단순히 호평 받는 일은 없었다. 대상 물체에 정교한 장식을 가하는 것은 그 주요 기능이 의례용에 있다는 것을 암시하지만, 항상 그런 경우[12]에 해당되는 것은 아니다.

동남아에서 예술에 접근하는 방식에 있어서 하나의 뚜렷한 특징은 시각성 그 자체에 대한 관념에서 드러난다. 서구 전통은 다른 어떤 것보다 시각을 중시하는 반면, 동남아에서는 무형의 암시가 대개 가장 중요한 요소가 된다. 발리어로는 니스깔라(niskala)라 불리는 보이지 않는 무형(non-material)의 세계에는 하늘과 땅의 모든 신과 악마, 영혼과 괴물이 살고 있으며, 그 세계는 실제적이며 영원한 것이다. 이러한 존재는 물체를 통하여 구현될 수

[12] 이푸가오(Ifugao)의 목공예가들은 일련의 일상 용품, 특히 그릇과 숟가락 같은 식기류를 멋지게 만들어낸다. 필리핀. 높이 163–193mm.

[13] 인도네시아 동남부 말루꾸(Maluku)에서 제작된 목각 인물상. 과거에는 웅크린 인물상은 제단 위에 놓였고, 어떤 인물상은 조상에게 드리는 헌물을 담는 그릇을 쥐고 있기도 한다. 또한 일부 인물상은 마을의 창시자 또는 수호자를 나타내기도 한다. 높이 585mm.

[14] 청동북은 그것이 캄보디아의 왕실 사원에 있든 마을에 있든 동남아의 많은 곳에서 여전히 중요성을 지니고 있다. 동부 인도네시아의 루앙(Luang) 섬.

있으며, 따라서 물체의 중요성은 외형상 보이는 것이 아니라 저 세상과 소통하는 방법에 있다. 그래서 일반적으로 북으로 알려진 동썬(Dongson) 청동북[14]과 관련된 가장 중요한 의미는 외양이 아니라 연주이며 소리의 반향이 조상의 혼령을 불러 모으게 하는 것이다. 청동북은 위엄을 표방하는 도구가 되었고, 다른 맥락에서 새로운 의미가 생겨났다. 예를 들어, 라오스의 라멧족(Lamet)에게 있어서 청동북은 부의 상징이며 그 소유자에게 공동체의 지배 집단에 귀속되는 지위를 제공하게 된다. 하지만, 청동북이 자아내는 소리는 마치 향의 내음이나 꽃의 향기처럼 살아있는 자들의 삶에 영향을 미치는 신령이 거주하는 보이지 않는 세계로 들어갈 수 있다. 이러한 신령의 불가시

[15] 동부 자바의 워노소보
(Wonosobo)에서의 무아지
경에 빠진 샤먼. 그는 자신
의 육체에 들어온 신령에 사
로잡혀있다. 얼굴에 쓴 탈은
신령의 인격을 표방하고 있
다.

성(invisibility)은 그들의 잠재력 발휘에 있어 핵심적 요
소로 간주되며, 그 무형적 특성(insubstantiality)은 예술
의 힘에 상당한 관건이 된다.

　예술과 일상의 구별은 서구보다는 동남아에서 비교적
덜 분명한 것 같다. 실제로 인도네시아, 태국 및 기타 동
남아 지역에서 '예술'로 보통 번역되는 용어들은 다른 함
의를 품고 있고, 서구보다 훨씬 확대된 의미로 사용되는
경향이 있다. 그런 용어들은 일반적으로 이른바 '순수 예
술'(fine arts)이라기보다는 공예와 장식 및 음악과 무용
과 같은 공연에 비중을 둔 의미로 언급된다. 또한 예술은
일시적이고 소멸될 수도 있으며, 사회의 모든 차원에서
발현되는 것으로 봤다. 하지만, 사회가 계층화되면 상류
층이 흔히 예술적 표현을 판단할 기준을 만들어낸다. 자
바에서는 예술적 판단의 문제에 가장 관심을 가진 계층은
쁘리야이(priyayi) 즉 귀족층이며, 전통적으로 그들의 세
계관을 형성했던 많은 개념들이 사회 전반에 걸쳐 미학

적 판단의 기준이 되었다. 알루스(alus)와 까사르(kasar)라는 용어는 물론 예절, 언어, 바띡 천 또는 무속인의 공연과 관련된 것이지만 일련의 형이상학적 및 사회적 속성을 규정한다. 알루스는 세련된, 부드러운, 정교한, 솜씨있는, 암시적인 것을 지칭하고, 까사르는 그 반대로 거칠고, 투박하거나 평범한 것을 의미한다. 이러한 분류는 쁘리야이 계층 혹은 오늘날 이 계층과 동등하게 일반적으로 평가의 중개자로 불리는 집단 속에서 예술에 관한 평가에 여전히 사용되고 있다. 대륙부 동남아의 계층화된 사회에서도 예술이 상품화되면서 귀족층이나 지주계층 또는 신흥 부유층들의 수집품으로 점차 여겨지고 있다. 대륙부의 저지대 불교사회에서는 사원의 건축 후원, 벽화로 사원 치장, 불상과 다른 종교적 작품의 기증 등을 통하여 예술과 지배계층 간의 관계를 더욱 뚜렷이 드러냈다. 그러나 사회의 다른 구성원들도 그와 유사한 목적으로 (소규모이긴 했지만) 관여하였다. 동남아 전역에 걸쳐 모든 계층에 의해 그리고 그들을 위해 나름대로의 예술적 기준에 입각하여 판단되고 가치가 부여된 일련의 매체를 통하여 거대한 작품이 제작되었다.

　　도상학적 해명을 찾는 이 지역외의 비평가들은 과거에

[16] 수마뜨라의 **빠롬빠** 사둥. 1991년. 2262×720mm.

[17] 북부 태국 치앙마이
(Chiang Mai) 소재의 프라
싱 사원(Wat Phra Singh)의
벽에 그려진 지옥의 장면.
이러한 벽화는 후원자에게
는 공덕을 쌓게 하고 신도들
에게는 도덕적 교훈을 전달
한다.

는 해석의 문제에 봉착해 있었다. 모티프를 받아들여 그 의미를 변용했던 동남아의 이런 경향은 인도나 중국의 해석이 고스란히 이식되었을 것이라고 기대했던 사람들에게는 말할 수 없는 혼란을 야기했다. 여기에 세계의 타 지역에서도 마찬가지인 것처럼, 이미지와 도상은 집단에 따라 다른 방식으로 해석이 되며, 집단 속에서도 개인에 따라 달라지는 것이 보통이다. 그래서 인물상은 조상이나 노예[13]를 나타낼 수도 있으며, 질병을 다스리기 위해 강물이나 불속에 던져지기 전 질병의 신령이 초대되는 매체[18]가 되기도 한다. 독사는 힌두신이나 불교 신화의 한 인물로 묘사되기도 하고, 좀 느슨하게는 수중 지배자나 조상으로 언급되기도 한다. 의미는 마치 코드화된 언어처럼 모티프에서 '해독'될 수 있다는 생각은 의미보다 효험이 더 중요하다고 여기는 동남아 예술에서는 늘 타당한 것은 아니다. 그렇다고 코드화가 존재하지 않는다는 뜻은 아니다. 어떤 경우 한 대상 물체는 전문가만이 해석할 수 있는 정교한 구조로 구성된 메시지를 담고 있다. 북부 수마뜨라의 직물의 경우, '큰 천'의 뜻을 지닌 아빗고당족(abit godang)이나 앙꼴라바딱족(Angkola Batak)이 아기를 쌀 때 사용하는 천인 빠롬빠 사둠(parompa sadum)[16] 등에서는 소유자의 생활에서 일어났던 사건에 대한 도덕적 메시지와 설명이 그 모티프와 배열에 분명하게 들어가 있다. 다른 경우로, 의미가 모티프가 아닌 그 물건의 사용 용도, 즉 사용 장소나 제공할 사람을 나타내는 것도 있다. 의미는 다층적이고 복잡할 수도 있다. 교묘하게 애매한 의미를 띨 수도 있다. 또한, 대상 물체의 효험을 정확하게 파악할 수 없는 경우도 있다.

[18] 야만(Yaman)이 조각한 베스무상(Bes Musang, 사향고양이)의 목각. 이런 야행성 삼림 신령은 다양한 질병을 유발한다. 1960년대에 자훗족(Jahut)은 그들이 만든 질병의 형상물의 복제품을 만들도록 독려받기도 했다. 말레이시아의 빠항(Pahang). 높이 210mm.

[19] 도교 승려가 신령이 신상에 들어가는 것을 암시하는 의미에서 아편 신상의 눈을 그려 넣고 있다. 2000년 말레이시아 삐낭(Penang)의 기아(饑餓, Hungry Ghost) 축제.

동남아 전역에 걸쳐 확산되어 있는 핵심 관념은 예술품에 특별한 능력이 담겨져 있다는 믿음이다. 많은 작품들은 보이지 않는 존재를 수용하여 그들을 어떤 식으로든 불러낼 수 있도록 제작된다[19]. 그 존재는 질병의 신령일 수도 있어서, 이런 경우 그 작품은 (질병과 함께) 파괴될 수도 있다. 혹은 그 존재가 신일 경우에는 그 작품에 신을 불러들여 봉헌과 기도를 드리게 된다. 어떤 작품에는 고유한 효험이 지속적으로 내재될 수도 있어, 보호 차원의 부적은 도서부뿐만 아니라 대륙부 동남아 전역에 걸쳐 보편적으로 나타난다.

예술의 본질에 관한 인식은 비단 서구인과 동남아인들

간에 차이가 날뿐만 아니라 동남아 지역 내에서도 서로 다르다. 그러나 분명한 것은 동남아인이 만든 작품을 해석하기 위해서는 현지 사고와 기저 신앙을 이해하는 접근 방법이 요구된다. 대부분의 동남아 예술이 종교와 영적 생활에 밀접하게 연관되어 있다는 사실은 이러한 문화권에 익숙지 않은 사람들에게 이들의 예술을 완벽하게 이해하기 어렵게 한다. 동남아의 사람들은 전 지역에 걸쳐 엄청나게 다양한 종교적 혼합주의라는 복잡한 역사를 갖고 있다. 오늘날 대륙부의 대부분 사람들은 불교를 신봉하고 있으며, 도서부에서는 다수가 이슬람교를 추종하고 있지만, 많은 예외도 존재한다. 동시에 이러한 주요 종교들은 여러 세기에 걸쳐 기존의 신앙을 흡수하고 외부 세계의 영향을 받아들여 각기 다른 모습을 나타냈다. 그 결과로 끝도 없이 다양한 치환 속에서 서로 얽히고 섞인 복잡한 관념이 생겨났다. 이러한 이유로 인하여, 현존하는 예술품의 초기 예들을 출발점으로 하여 이 지역의 여러 역사와 문화를 통해 실타래처럼 엉킨 종교적 주제를 추적하는 분석이야말로 독자들로 하여금 성공적으로 동남아의 예술을 음미할 수 있도록 이끄는 방법이 될 것이다.

제1장 동남아 예술의 기원

초기의 동남아 거주민들은 대체로 채집생활을 했다. 일부는 바닷가를 따라 해안의 식량자원을 개발한 반면, 일부는 하천 유역의 동굴이나 내륙의 밀림에 거주했다. 이들은 생존을 위해 의존했던 자연세계와 밀접한 관계를 맺게 되었다. 그들이 최초로 재료를 가공하여 만든 것은 도끼, 화살촉, 덫, 그물 등과 같은 생활도구들이었다. 초기의 문화는 거의 석기에 의존하는 것으로 고고학자들은 베트남 호아빈(Hoa Binh) 지역의 표준 유적(type site)의 이름을 빌려 그러한 석기를 호아빈 양식(Hoabhinian)이라 칭했다. 이러한 많은 도구들의 제작에 있어서 상당한 기술력을 엿볼 수 있지만, 기원전 마지막 2천년까지 만들어진 도구에서는 예술적인 감각은 거의 찾을 수 없다.

기원전 4천년과 1천년 사이에 대륙부 동남아의 해안가와 평원 지대에서 발전했던 신석기 시대는 다양한 매체에 걸쳐 전문적인 기술의 발전에 관한 증거를 남기고 있다. 광택을 낸 돌도끼[21]는 그런 의미에서 진정한 기술력을 보여주고 있다. 그 형태는 대개 기능에 의해 결정될 수밖에 없을지라도 외형에 있어 고상한 처리가 더해진 것은 표면 감촉의 질적 수준에 관한 제작자들의 충분한 인식이 있었음을 암시해준다. 이 시기의 돌로 만든 팔찌는 보호 목적이나 신분 표시를 위한 단순한 상징물로 제작된 것으로 여겨지지만, 그 형태로 보아 미학적인 장식에 대한 관

[20] 태국 북동부 지역의 메콩 강을 마주보는 파타엠(Pha Thaem) 암벽에 그려진 황토 그림.

[21] 준보석으로 만든 신석기시대 도끼는 의례용으로 사용되었던 같다. 서부 자바의 수까부미(Sukabumi)에서 발견된 광택이 나는 도끼. 130×60×14mm.

[22] 태국 콕파놈디(Khok Phanom Di) 출토의 광택 토기.

[23] 조개를 가공한 귀걸이. 태국 나컨사완(Nakhon Sawan)의 반마이짜이몽껀(Ban Mai Chai Mongkohn) 출토. 지름 80mm.

심이 시작되었음을 암시한다. 현존하는 대부분의 유물은 태국의 출토품이다. 2천년 중엽 시기의 반까오(Ban Kao) 유적에서 출토된 팔찌의 독특한 T자형 부분은 기능성이 고려된 것이 아니라, 팔찌 제작에 사용된 점판암, 대리석, 조개 등 다양한 범위의 재료가 지니는 색상, 감촉, 고유형태 등을 반영한 사실을 보여준다.

　신석기 시대에 걸쳐 조개는 귀걸이[23]와 목걸이 등의 장신구를 만드는데 사용되었다. 태국 콕파놈디(Khok Phanom Di)의 유적에서는 의복에 부착하여 햇살에 반짝였을 것 같은 10만개 이상의 조개 목걸이로 치장된 여성 주검 1구가 발견되었다. 반사광을 애호하는 것은 동남아 예술에서 지속적으로 등장하는 주제인데, 같은 유적에서 출토된 일부 토기[22]에서도 분명히 드러난다. 그 토기들은 굽기 전에 자갈과 같은 부드러운 수단으로 표면을 연마해 반질거리게 윤을 내었다. 그 결과로 토기의 실질적인 기능성과 거리가 먼 표면 광택이 만들어졌고, 이는 분

명히 미학적 노력에서 비롯된 것이다.

특히 태국을 비롯한 대륙부 동남아 전역에 걸쳐 출토되는 매우 다양한 토기는 신석기 시대부터 시작된 예술적인 노력에 관한 아주 흥미로운 증거를 보여준다. 기원전 2000년부터 1600년 전의 것으로 추정되는 콕파놈디 유적에서 발굴된 토기는 오늘날에도 동남아에서 널리 사용되는 방식으로 주걱으로 흙을 다져 만들었다. 장식적인 효과는 다양한 방법을 통해 만들어졌다. 어떤 토기의 표면에는 주걱에 끈을 감아 찍어낸 자국이 나있기도 하고, 또 다른 표면에는 음각이 새겨져 있거나 광택이 나기도 한다. 흙으로 빚게 되는 외형은 부분적으로 토기의 용도에 의해 결정되었지만, 선과 곡선의 우아함과 그 외의 다양성은 미학적인 고려가 반영되었음을 암시한다. 치장적인 양식의 복합성도 눈에 띄는데, 특정한 지역별로 보통 선호하는 양식이 일관되게 나타난다. 도공의 기술에 큰 가치를 부여했다는 사실은 무덤의 부장품으로 매장된 토기의 막대한 양을 통해 짐작할 수 있다. 나아가 매장 방법이나 부장품의 양을 통해 추정할 수 있는 높은 지위의 사람들의 무덤에는 그들의 직업과 관련된 도구들이 포함되어 있다. 이들 중 많은 수가 도공이었던 것으로 보인다.

일부 유적은 그 자체의 독특한 양식을 가지고 있다. 반까오 유적에서는 높은 받침과 세 발이 달린 독특한 토기가 대량 출토되었으며, 그중에는 특히 끈 자국이 난 세 다리가 지지하는 용골형의 요리용 토기도 포함된다. 반타깨 (Ban Tha Kae) 유적에서 출토된 토기의 표면 음각 문양은 모티프 안이나 모티프를 둘러싼 부분에 나타나는 끈 자국으로 인하여 두드러진다[24]. 일반적으로 배경과 전경

이 토기의 표면과 외양에 있어서 상호 균형을 이루고 있으며, 이는 오늘날에도 여전히 남아있는 동남아 예술의 또 다른 특징이기도 하다. 다른 유적에서는 또 다른 기술을 발견할 수 있다. 녹녹타(Nok Nok Tha) 지역의 일부 무덤에서는 채색 토기가 발견되었고, 논막라(Non Mak La) 유적에서는 소 모양의 독특한 토기가 출토되었다[25].

동물이나 인간 모습을 한 작은 조각들이 대륙부 동남아의 많은 유적에서 출토되고 있어 묘사된 동물들의 중요성을 반영하는 것으로 여겨진다. 묘사된 동물로는 돼지, 사슴, 코끼리 등이 있으며, 가장 빈번하게 나타나는 것은 물소와 소과에 속하는 동물들이다.

도서부 동남아에 있어서 초기 미술의 흔적은 남부 중국에서 대만을 통해 확산된 문화와 관련성이 있는 4000년 전 신석기 유적에서 나타난다. 동부 대만의 초기 유안샨(Yuanshan) 문화는 다양한 종류의 장식 토기를 남겼다. 일부 토기에는 붉은색이나 갈색으로 채색되었고,

[24] 반따깨 유적에서 출토된 신석기 시대의 용기에 새겨진 음각 문양의 스케치.

[25] 1994년 태국 논막라(Non Mak La) 신석기 유적에서 출토된 토기로 음각선이 새겨져 있다.

그 외에는 음각 문양이나 도장으로 찍은 톱니 모양의 문양이 새겨졌다. 빠이난(Peinan)에서는 수천 개의 유물들이 석판으로 조성된 무덤에서 발견되었다. 출토품에는 대만 옥(연옥)으로 불리는 현지산 재료로 제작된 것을 비롯하여, 평범한 오렌지색 토기 및 돼지와 개의 작은 조각상이 포함되어 있다. 이러한 재료를 소재로 만든 관상형(tubular) 조각의 목걸이, 귀걸이[26], 머리장식, 팔찌 등도 발굴되었다. 일부 장신구는 동물의 형상을 하고 있고, 어떤 것은 기하학적 문양을 띠고 있다. 그 중에서 가장 중요한 것은 링링오(ling-ling-o)로 알려진 갈라진 형태의 귀걸이일 것이다[27]. 이들 연옥 장신구는 원둘레에 4개의 돌출부를 가지고 있다. 이러한 양식의 귀걸이는 남부 중국의 광동 지역, 필리핀, 사라왁, 남부 대만 및 남부 베트남에서도 나타나고 있다. 그 분포 상황으로 보아 오

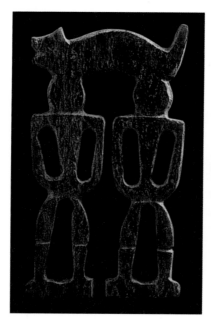

[26] 대만 빠이난의 신석기 시대 무덤에서 출토된 옥귀걸이 조각으로 2명의 인물을 한 동물상이 연결한 형태이다.

[27] 중부 베트남의 사후인(Sa Huynh) 문화의 링링오 귀걸이.

스트로네시아어인들의 이주 경로와 일치하며, 그중의 일부가 대만을 거쳐 필리핀과 그 너머로 배를 타고 간 것으로 보인다. 그들의 문화는 서쪽으로 보르네오(Borneo)로 그 후 자바(Java), 수마뜨라(Sumatra), 말레이 반도의 해안 및 그 남쪽 그리고 동쪽으로 인도네시아의 술라웨시(Sulawesi)와 동부 제도에 이르기까지 확산되었다.

하지만, 루손(Luzon) 섬보다 훨씬 남쪽에 있는 지역의 토기는 새로운 양식이 도서부 동남아의 동부 제도에 등장했던 기원전 1500년경까지는 평범하거나 붉은색이 칠해졌다. 곡선과 기하학적 새김은 별도의 구분된 부분에 이루어졌고, 도장 문양은 함께 사용되었지만 부분적으로는 기존의 형태들을 대체하였다. 이러한 발전의 일부는 띠모르(Timor), 술라웨시, 사바(Sabah), 필리핀 등지와 태평양 지역문화권과의 접촉에서 비롯된 것 같다. 또한, 그와 유사한 양식이 멜라네시아(Melanesia)와 폴리네시아(Polynesia)의 라삐따(Lapita) 유물에서도 발견된다. 라삐따족은 서쪽의 여러 섬들을 지배했던 것으로 보인다.

동남아의 선사시대에서 가장 중요한 기술적인 진보는 청동기 제작방법의 도입이었으며, 태국에서는 기원전 1500년 직후 시작된 것으로 보인다. 이 시기의 것으로 추정되는 자루 구멍이 있는 청동도끼가 발견되었는데, 밀림을 개간하고 가옥 건축용 목재를 자르고 다듬는 데에 사용되었던 것 같다. 또한, 적에게 대항하기 위한 무기나 사냥용으로 사용되었던 창끝과 화살촉도 있었다. 이러한 도구와 무기는 주로 모래나 흙으로 만들어진 양판 주형(bivalve mould)으로 주조하였고, 그 형태는 우선 기능에 의해 결정되었다. 초기 유물의 대부분을 차지하는 팔찌와 같은 청

동 장신구의 디자인에 있어서 미학적 고려는 더욱 요구되었다. 많은 청동 장신구는 실랍법(lost wax, 失蠟法, 주조하려는 제품의 원형을 납(蠟)으로 제작하여 그 주위를 감싸는 주형을 만들어(이때 납으로 된 원형은 녹아 없어짐) 용해된 금속을 부어 만드는 기법-역주)을 사용하여 주조하였으며, 초기 청동 기술자들은 급속도로 여러 종류의 기술에 숙련되었던 것이 분명하다. 팔찌와 발목 장식은 신분이나 지위의 상징으로 사용되었던 것 같으며, 기원전 500년경 이후 후기 청동기시대의 대륙부 동남아에서 사용되었던 철 장신구의 경우도 마찬가지였다. 철기는 일반적으로 대장장이가 철광석을 녹여 그것을 두들겨 외형을 만들었다.

태국 반나디(Ban Na Di) 지역의 유적에서 적어도 기원

[28] 청동기시대의 유물로 초기의 외형과 장식 요소를 보여주고 있다. 이 용기는 윗부분이 트럼펫 모양으로 붉은색이 채색되어 있다. 태국의 반룸카오(Ban Lum Khao) 출토.

전 1000년의 것으로 여겨지는 화로와 도기 도가니를 포
함하는 청동기 제작설비가 발견되었다. 하지만, 청동 제
품이 이 문화권에서 가장 중요하거나 귀중한 것은 아니었
다. 악어가죽 및 악어두개골로 만든 펜던트로 아이를 매
장하는데 사용했던 것으로 보아, 동물은 아마도 토템적
인 의미의 상징적 표현에 있어 중요한 역할이 부여되었음
을 알 수 있다. 소 역시 매우 중요했던 것으로 추정되며,
제물로 바쳐진 소에서 나온 것으로 보이는 소뼈가 다수의
무덤에서 출토되었다. 이 유적에서 출토된 현지의 색다른
도기 중에서 가장 인상적인 것은 무덤에서 출토된 다량의
작은 점토조각으로 소가 많으며 그 외에도 돼지, 개, 코끼
리 및 인간의 형상도 있다[29]. 이러한 조각은 상당한 기

[29] 대국 반나디의 청동기
시대 묘지에서 출토된 소의
점토 조각.

술력과 정교함이 엿보이는데, 그 형태는 살아있는 생명체
의 모습에 가깝게 묘사되었다. 그런 점토조각이 지니는

중요성은 특히 수도(wet rice) 경작 지역에서 지위의 상징과 축제의 중심요소로 자리 잡은 물소와 함께 이후 1000년간 유지되었다. 놀랍게도 19세기 이후의 것으로 여겨지는 이와 유사한 점토조각이 미얀마와 인도의 국경지대에 놓인 나가(Naga) 고원에서 발견되고 있다.

반나디 유적에서는 실크가 사용되었다는 증거가 있다. 현지에서 생산되었던 것인지 확실하지 않지만 실크는 나

[30] 반나디 청동기시대 무덤에서 출토된 점판암과 대리석과 같은 독특한 재료로 제작된 팔찌류.

중에 태국에서 예술 표현의 매체가 되었다. 청동기 제작
에 사용되었던 광석은 분명히 외부 지역에서 들어온 것
이었다. 청동기시대에 장신구를 만드는데 필요한 여러
외래 물산에 대한 교역이나 교환이 이루어진 증거도 있
다. 팔찌[30]는 이 시기에 모두 아주 먼 지역에서 홍옥수
(carnelian), 활석(talc), 사문석(serpentine), 옥을 재료
로 만들어졌으나, 디자인이 매우 유사한 경우로 보아 적
어도 일부의 팔찌는 현지에서 제작된 것으로 보인다. 물
품을 만드는데 필요한 재료들에 부여되는 가치는, 특히
먼 군도의 권력자로부터 들여온 재료일 경우, 이후의 수
세기 동안 동남아에서 작품을 구상하고 이해하는 복잡한

[31] 반찌앙 출토의 화려한 채색 토기는 문양을 그린 사람이 지녔던 형태에 대한 미학적인 감각을 보여준다.

체제(matrix)의 필수적인 요소가 되었다[28].

태국의 후기 청동기시대에서 가장 유명하고 시각적으로 독특한 유물은 반찌앙(Ban Chiang)에서 출토된 부장품인 채색 용기이다[3, 31]. 이곳의 초기 도공들은 매우 복잡한 문양을 지닌 토기를 제작했는데, 어깨 부분에 음각새김 패턴을 지닌 흰색 또는 적갈색으로 채색된 용골형 항아리를 포함하고 있다. 그 치장은 항아리의 크기에 부응하는 다채로운 디자인으로 의연한 몸체에 채색된 적갈색 패턴으로 구성되었다. 부드러운 곡선을 지닌 용기의 외형을 따라 소용돌이 문양이 다양한 형태의 선형으로 표면을 채웠는데, 그 선형은 용기 전면에 걸쳐 굽은 줄 모양을 내는 균등한 간격의 붓질로 만들어진 것이다. 용기의 다리와 목에는 흔히 붓질 방향의 변화가 나타나는데, 이러한 디자인은 용기 표면의 외형에 꼭 알맞도록 구상되었다. 문양을 그리는 사람의 양식이 반영된 디자인은 주어진 공간 안에서 선의 위치에 관한 강력한 절제력과 신중함으로 그 일정한 모습이 뚜렷하게 나타난다. 가끔 작은 동물과 곤충들이 항아리의 윗부분과 아랫부분의 가장자리에 나타나지만, 대체로 그 디자인은 줄 문양의 나선형과 타원형 및 간혹 톱니형 등이 압도적으로 많은 추상적인 양상을 띤다.

태국의 청동기 생산은 기원전 첫 1000년 말기의 중간에 철기가 도입된 이후에도 지속되었고, 가장 정교한 청동기는 이 시기 이후부터 만들어졌다. 반돈따펫(Ban Don Ta Phet)의 발굴에서 화려하게 장식된 청동 사발이 출토되었고[33], 나중 것에는 처음으로 이차원적으로 사람의 생활상을 묘사하고 있다. 또한, 인도와의 해로에 가까이 위치한 이 지역에서 멋진 보석도 출토되었다. 인도와의 접촉에 대한 증거로는 그 당시 인간의 형태로 거의 표현되지 않았던 탓에 아마도 붓다를 의미했던 홍옥수(carnelian)로 정교하게 제작된 작은 사자 조각이었다. 옥을 재료로 제작된 두 개의 머리를 가진 동물 장식[32]의 존재 역시 이 유적지와 해외문화권과의 연관성을 나타낸다. 이와 유사한 유물들이 필리핀 및 남부 베트남 해안가의 사후인(Sa Huynh) 유적에서 발견되고 있다.

이 시기의 제작기술은 다양했고 많은 장인들은 고도의 공예 기술을 가지고 있었음이 분명하다. 청동 사발은 실랍법을 이용하여 주조한 다음, 선반 작업을 통하여 제품의 몸체를 깎아 정교하게 가공하였다. 인물, 동물, 꽃, 심지어 가옥 등의 장면을 나타내는 복잡한 디자인은 외부 표면에 나타내었다. 반돈따펫의 청동 사발과 매우 흡사한 것이 인도에서 발견되는 것으로 보아 그 일부가 수출용으로 만들어진 것으로 여겨진다. 이 시기에 처음으로 등장한 또 다른 기술은 부식 동판술(etching)이다. 이 유적에서 발견된 수천 개의 구슬(beads) 중에 옥을 재료로 제작한 것이 많으며, 양잿물을 사용해서 모양을 만들었다. 이

[32] 반돈따펫 유적에서 1975년에 발견된 철기시대의 두 개의 머리를 가진 동물 모양 옥장신구. 거의 같은 유물이 필리핀과 베트남 해안의 철기시대 유적에서 발견되었다.

[33] 반돈따펫에서 출토된 청동 사발의 새김.

기술은 기원전 4세기경 다른 기술과 함께 사용되었던 인도에서 도입되었던 것 같다.

또 다른 철기시대 유적인 노엔우록(Noen U Loke)에서는 주검과 함께 예술가의 고도의 기술을 보여주는 각종 반지, 발목 장식, 벨트, 팔찌 및 멋진 나선형 머리장식 등 수많은 청동 장신구가 출토되었다. 한 사람이 각 팔에 75개의 청동 반지를 끼고 세 개의 청동 벨트와 금박한 은 귀걸이를 착용한 채 매장되어 있었다. 그 당시에 금은 중요한 재료였으며, 한 무덤에서는 많은 양의 금 구슬[36]이 발견되었는데, 8면을 띠고 있는 것으로 짐작컨대 숙련된 기술로 가공된 것이었다.

하지만, 청동기시대 예술가들이 가장 화려한 작품을 제작한 곳은 바로 오늘날의 베트남이었다. 홍 강(Red River) 델타의 동썬(Dong Son) 마을은 1920년대에 첫 발굴이 이루어졌다. 그 이후로 고고학자들은, 비록 동썬 마을 자체가 정치적인 맥락에서 중심지는 아니었지만, 그와 동일한 문화적 특징을 나타내는 지역에 대해서 동썬이라는 이름을 적용했다. 베트남의 청동기 기술은 아마 기원전 14세기부터 시작되었을 것으로 추정하지만, 초기의 기술은 현지에서 사용할 용도의 도구와 장신구에 한정되었다. 기원전 첫 1000년 중엽에는 철기도 제조되고 있어서 청동기 제작은 그 정교함에 있어 고도의 수준에 이르렀다. 생산된 제품은 대부분 북, 징, 용기, 무기와 같은 화려하게 장식된 의례용품들이었다. 대개 북으로 언급되는 징의 일부는 양식적으로 남서부 중국의 윈난(Yunnan)에서 제작된 북들과 관련이 있다. 그러나 보르네오, 필리핀, 북동부 인도네시아를 제외한 동남아 전역에서 발견되긴

하지만, 북부 베트남에서 주로 생산되는 특별한 유형이

[34] 베트남 쩡동응옥루
(Trong Dong Ngoc Lu) 유
적에서 나온 청동 동썬북 진
동판의 상세모습.

있다. 동남아의 청동북은 오스트리아 학자 프란쯔 헤거
(Franz Heger)에 의해 연구되었고, 시대별로 분류된 유
형에 그의 이름이 붙여졌다. 가장 오래된 유형인 헤거 I형
청동북은 동남아의 넓은 영역을 넘어 수마뜨라와 순다열
도(Sunda Chain)를 따라 뉴기니아(New Guinea)에 이르
는 지역에서도 발견되었다. 이러한 초기의 청동북은 편평
한 윗면(진동판)과 '허리' 부분에서 좁아지는 측면을 띠고
있고, 통째로 주조되었다는 사실에서 놀랄만한 기술적인
진보가 이루어졌음을 짐작할 수 있다[37]. 가장 큰 청동북
은 100kg 이상에 달하며 그 높이가 1m에 달한다.

청동북의 원래 기능은 의례와 신분과 관련된 것으로 여겨지며, 상류계층의 무덤에서 많이 발견된다. 청동북 제작에 필요한 재료와 기술은 부유층만이 소유할 수 있는 것이었다. 장식에는 상당한 다양성이 엿보인다. 진동판[35]은 일반적으로 원형의 띠 속에 굴곡과 나선과 같은 규칙적인 정형적 형식으로 꾸며져 있다. 이들 띠 사이에는 항상 날고 있는 모습의 새들이 새겨져 있으며, 이는 왜가리나 불사조일 수도 있다. 주조하기 전 주형(鑄型, mould)으로 사용하기 위한 밀랍에 새겨 넣는 기하학적이고 반복적인 문양들이 얇은 부조로 나타난다[34]. 청동북의 측면에는 선박이나 깃털을 단 사람들이 사는 가옥의 장면을 밀랍에 손으로 새겨 넣었다. 이러한 조형적 장면은 아주 상세하게 묘사되는데, 일부의 북에서는 무사나 무용수 또는 연주가로 아주 분명하게 확인할 수 있는 깃

[35] 베트남 쩡동응옥루 유적에서 출토된 동썬북의 진동판.

털을 단 사람들이 사람의 형상으로 알아볼 수 없는 다른 예의 북에서는 개략적이며 불분명하게 나타난다.

동썬은 이 시기 청동기 제작의 유일한 장소는 아니었고, 청동북도 청동기의 유일한 생산품은 아니었다. 동썬 유적에 산재해있는 다른 청동기에는 도구, 화살촉, 팔찌, 사발 및 서 있는 인물상의 형태를 띤 칼자루를 지닌 단검 등이 포함된다. 또한, 이 시기와 도서부의 많은 유적지를 포함한 동남아 타지에서 발견된 문화와 관련된 상당한 양의 자료가 있다. 도서부 동남아의 청동기시대는 대륙부보다 훨씬 늦은 기원전 500년부터 200년 사이에 시작되었다. 철과 구리의 기술은 아마도 북부 베트남과의 접촉의 결과로 청동기 도입과 거의 같은 시기에 도래했다. 기원전

[36] 서기 250년경의 것으로 추정되는 노엔우룩 무덤에서 출토된 금 구슬. 각각의 크기는 4mm.

첫 1000년의 초기에 청동은 자바와 발리 및 기타 지역에서 같은 양이 생산되었다. 청동기 생산은 그 디자인과 제조기술의 질적인 측면에서 보면 놀랄만하다. 1875년 로띠(Roti)에서 출토된 비상한 의례용 청동 도끼는, 그 양식이나 외형이 자바에서 제작된 것과 상당히 달라, 현지에서 만들어진 것으로 보인다[38]. 한쪽 날의 옆으로 얇은 부조로 표현된 거대한 의례용 머리장식을 한 인물에서는 동썬북에서 나타난 깃털을 단 무사를 모방한 것 같다. 자바의 뚜반(Tuban)에서 출토된 정교한 도끼는 발톱에 도끼를 들고 있는 맹금이 그려져 있는데, 형태와 디자인에서 도끼 그 자체는 로띠(Roti)에서 출토된 것과는 전혀 다르다. 또 다른 디자인은 많은 장식과 자루 구멍이 있는 마까사르(Macassar)의 도끼에서 나타난다. 청동기-철기시대에 제작된 또 다른 유물로는 마두라(Madura)의 제도와 람뿡(Lampung) 및 중부 수마뜨라의 끄린찌(Kerinci)에서 출토된 술병(flask) 모양의 청동 용기가 있다. 이와 유사한

[37] 베트남 쩡동응옥루 유적에서 나온 청동 동썬북. 높이 630mm.

용기가 캄보디아 깐달(Kandal)에서도 발견되었고, 그 양식은 동썬 청동기에서 영감을 받은 것 같다. 크고 굵은 나선형의 형태와 삼각형으로 장식된 용기는 그 치장 디자인에 있어서 일련의 추(錘)가 없는 종과 비슷한데[39], 그중 하나가 캄보디아의 밧땀방(Battambang)에서 발견되었고 4개가 말레이시아 반도의 여러 곳에서 출토되었다. 이러한 유물들은 동일한 청동기 주조 중심지에서 만들어진 것으로 교역이나 조공을 통해 그곳으로 전해진 것으로 보인다. 하지만, 그것이 제작된 시기에 청동기 생산중심지가 이미 동남아의 여러 곳에서 생겨났음에도 불구하고 북부 베트남이 청동기의 원산지였던 사실은 틀림없다.

동썬 이외의 청동북 생산지의 흔적이 발리에서 발견되었는데, 그곳에서 표면에 특출한 부조의 디자인을 만들었던 움푹 들어간 주형이 출토되었다. 그중 하나가 발리의 쁘증(Pejeng)에서 출토된 청동북의 측면에 나타난 하트 모양의 사람 얼굴과 일치한다. 발리의 청동북은 실랍법을 사용하되 두 조각으로 주조했다는 점에서 헤거 I형의 청동북과는 기술적으로 다르다. 외형 또한 북의 측면에 쁘증 청동북의 얼굴이 쌍으로 나타나는 그 사이에 큰 손잡이가 달려있고 동체도 더 길고 훨씬 날씬하다는 점에서 차이가 난다.

[38] 동부 인도네시아의 싸부(Savu)에서 출토된 의례용 청동 도끼.

동남아에서 가장 시각적으로 뛰어난 선사시대의 예술품
은 그 연대를 여전히 정확하게 추정할 순 없지만, 선사시
대 초기에 나타난 것으로 여긴다. 그것에는 대륙부와 도
서부 유적의 동굴과 무덤의 벽에 그려진 회화가 포함된
다. 태국에서는 대부분의 형상들이 붉은 황토로 그려졌
다. 그 장면에는 인간과 동물이 포함되고, 흔히 개와 활
과 화살이 등장하는 사냥의 모습으로 나타난다. 태국 북

[39] 말레이시아에서 출토
된 동썬 시대의 청동 종.

동 지역인 파타엠(Pha Thaem)의 그림 속에 표현된 동물 중에 사슴, 코끼리, 소 등이 있으며[20], 아마도 그 그림은 벼의 추수를 묘사한 것 같다. 어떤 그림에서는 돌고래와 물고기가 등장한다. 대부분의 형상은 윤곽을 그리고 단색으로 채운 형태인 반면, 태국 타니(Thani) 주의 카오 쁠라라(Khao Plara)의 그림에는 황소와 함께 있는 인간의 모습이 '엑스선(X-ray)' 형식으로 묘사되고 있다. 탐파댕(Tham Pha Daeng)에서 발견되는 인물상은 치마와 깃털로 된 허리장식 및 깃털 모양의 모자를 착용한 것처럼 보이는데, 이는 동썬북의 측면에 묘사된 인물을 떠올리게 한다. 탐따두앙(Tham Ta Duang)의 그림에는 행렬을 지어가는 집단이 커다란 원형 북과 같은 것을 나르고 있다. 초기의 암벽화와 수세기 이후에 등장하는 사원 벽화 간의 관계가 불명확하지만, 일부 그림에는 이야기적 요소를 지닌 것 같다. 하지만, 이러한 초기의 그림들은 벽화 예술이 외부세계에서 도래한 것이라고 할지라도 전적으로 새로운 현상이 아니었다는 사실을 암시해주고 있다.

도서부 동남아에서는 동굴 그림이 많은 곳에서 발견되고 있다. 그중 가장 유명한 것은 뉴기니(New Guinea) 서쪽 해안의 맥클루어(Mac Cluer) 만에서 발견된 동굴 그림인 반면, 다른 것들은 술라웨시, 쯔람(Ceram), 께이(Kei) 제도와 보르네오에서 발견되었다. 1954년에서 1962년까지 처음으로 발굴 작업을 벌인 사라왁(Sarawak)의 니아(Niah) 동굴 중 한 곳의 벽화는 장례의식과 관련된 것으로 보인다. 배를 둘러싸고 춤추는 인물들이 그려진 붉은 황토색 그림 앞에는 배 모양의 여러 관들이 놓여있고 그 안에는 유해가 들어있었다.

동남아에서 독특한 양식으로 그려진 멋진 그림은 남부 수마뜨라 빠스마(Pasemah) 고원의 빠가르알람(Pagaralam)에서 발견된 석판을 쌓아 만든 묘실에서 찾아볼 수 있다[40]. 이 석판 무덤은 다른 곳에서도 나타난다. 그런 무덤의 구조는 기원전 1500년에서 800년 사이 혹은 이보다 이른 시기에 등장한 것으로 동부 대만에도 존재한다. 석판 무덤은 자바와 남부 발리에서도 나타나며, 두 곳 모두 청동기와 홍옥수 구슬(carnelian beads)과 같은 인도에서 들어온 물건과 관련이 있다. 빠스마 고분에는 기원전 1세기 중엽과 서기 1세기 중엽 사이의 것으로 추측되는 유물들이 발견되었다. 그러나 수마뜨라 유물에서 가장 흥미로운 점은 인간과 동물을 다색으로 채색한 그림들로, 아마도 그럴 가능성은 희박하지만 나중에 그려졌을 수도 있다. 이 그림들에는 빨간색과 노란색 진흙, 숯, 붉은색 철광 등으로 각각 채색되어 구분된 영역으로 구성되어 있다. 두 개 영역은 사람과 물소를, 한 곳에는 코끼리와 함께 있는 인간을, 다른 곳에는 올빼미와 같은 커다란 새를 묘사하고 있다. 이 작품은 거대한 모자이크 부분처럼 여러 조각으로 이루어지는 디자인 요소의 형상처럼 전경과 배경의 구별을 완전히 생략하는 이 지역의 다른 그림과는 양식 면에서 현저하게 다르다. 다른 지역에서 발견되는 윤곽선 또한 여기에서는 나타나지 않는다. 새의 이미지는 눈과 부리 및 깃털 타래로 압도적인 모양으로 관찰자 쪽을 향해있는 반면, 날개 밑의 커다란 발톱은 그 이미지의 중앙 쪽으로 구부러져 있다. 전체 그림은 놀랄 정도로 인상적이며, 이는 예술가들이 대상의 구성에 관한 이해에서 비롯되었다기보다는 실제 그 대상을 힐끗 보고 시야에 들어온 것을 표현한 것

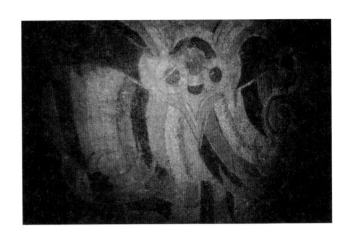

으로 동남아 예술에 있어서 최초라고 할 수 있다. 새의 다리는 전혀 표현되지 않을 정도로 중요하지 않지만, 반면에 그 다리를 완벽하게 대체한 발톱은 마치 팔 끝으로 먹이를 가로채려는 듯한 모습으로 나타난다. 전반적으로 실제 형태의 요소보다는 생명체의 폭력성을 표현하고 있다.

빠스마 회화의 주제는 역시 이 고원에서 발견되는 석상들과 직접적인 관련이 있는 것 같다[41, 42]. 이곳에는 상호 관련성이 있는 사람과 동물의 형상이 표현된 수많은 석상들이 존재한다. 그중에는 사람이 뱀이나 코끼리와 싸우고 있는 모습, 코끼리나 물소를 타고 있는 모습, 교미 중인 호랑이들 모습 등의 석상이 있다. 사람들을 묘사하고 있는 석상들도 있는데, 여기에는 아이들이나 한 사람의 모습을 묘사한 석상도 포함되어 있다. 코끼리 한 마리에 두 사람이 올라타 있는 모습의 석상에는 헤거 I형의 청동북 두 개가 묘사되어 있다. 이 석상에 묘사된 무기들도 북부 베트남에서 출토된 것들과 유사한 것으로 보아 동쪽 지역과의 연관성이 있는 것으로 본다. 이 석상들이 목조에서 석조로 변형된 것 같지는 않다. 많은 석상들은 원

[40] 남부 수마뜨라의 빠스마 고원의 꼬따라야 름박(Kotaraya Lembak)에 소재하는 묘실의 벽에 검정 황토색, 황색, 하얀색으로 그려진 그림. 높이 약 1500mm.

[41] 수마뜨라 남부 빠스마 고원의 석상.

[42] 수마뜨라 남부 빠스마 고원의 석상.

래 암석의 외형을 잘 유지하고 있으며, 그 모든 표면을 조각하여 부조로 자세하게 표현하고 있다. 이 석상들이 지니는 역동성은 20세기 도서부 동남아인들이 여전히 목재를 가공하여 만들고 있는 선조상의 정적인 양식과는 극적인 대조를 이룬다. 그 자세한 내용은 다음 장에서 다루게 될 것이다. 석상이 지닌 활력과 에너지 및 돌에 새겨진 뒤틀리고 찌르는 듯한 동작을 지닌 얼굴 모양과 손과 발의 대담하고 강력한 양감의 표현은 예술가의 기술력을 입증하는 효과를 낸다. 아마도 이 예술가들은 현지의 전설적인 거인으로 리다빠힛(Lidah Pahit, 신랄한 혀)과 마따엠빳(Mata Empat, 4개의 눈)과 같은 악마와 영웅을 묘사한 것이다. 그들이 돌로 변하자 그 둘의 대립관계는 끝났다는 이야기가 있지만, 아마도 그런 이야기가 나오게 된 것은 석상에 있었던 것 같다. 분명한 것은 이런 석상들에게 있어서 힌두교나 중국의 영향이 조금도 엿보이지 않는다는 것이다. 코끼리를 탄 사람들은 수마뜨라인들에게 인도문화가 미친 영향이 반영된 것으로 추정하지만, 석상의 양식에서는 그런 영향의 흔적이 전혀 없다.

초기의 것으로 추정되는 석상은 도서부 동남아의 다른 지역에서도 발견된다. 가장 눈여겨 볼만한 것은 남부 술라웨시의 바다(Bada) 계곡에 자리한 석조 인물상[43]일 것이며, 이것은 매장용 석조 단지(stone burial jars)와 관련이 있는 것 같다. 빠스마의 일부 석상과 마찬가지로 얼굴모양은 얕은 부조로 새겨졌지만, 바다 계곡 석상에서는 그 표현이 매우 미숙하다. 얼굴은 가끔 입이 없기도 하지만 일정한 양식의 눈과 코로 표현되고, 생식기 쪽으로 향한 팔 모양의 곡선을 단선으로 나타내고 있는데 비교적

[43] 바다(Bada) 계곡의 석조 인물상. 다양한 형태의 거석이 중부 술라웨시의 바다, 나빠우(Napau), 브소아(Besoa) 계곡 지역에 걸쳐 산재해있다.

과장된 모습이다. 이와 약간 유사한 목조 조형물이 칼리만딴(Kalimantan)과 니아스(Nias)에도 있는데, 이런 경우를 통해 목조에서 석조로의 형태 전환이 이루어졌음을 짐작할 수 있다.

청동기와 벽화 및 석상의 제작 시기와 관계없이, 서기 첫 1000년의 초엽에 현지 양식을 사용하는 예술가 및 공예가들이 이미 다양한 범위의 매체에 익숙해져 있었고, 다양한 형태에 그 관념을 표현할 수 있었다. 이후 수 세기에 걸쳐 외부로부터 세계 종교들이 도래하여 주제와 양식 및 도상에 영향을 미쳤지만, 이것은 이미 번창하여 활력적이었던 예술세계 내에서 발생했던 것이다.

제2장 토착 문화의 양상

현대 동남아에는 이 지역의 가장 초기 정착민들이 제작했던 것들과 매우 유사한 예술 형태가 많이 존속하고 있다. 수세기 전과 똑같은 생활은 그 어떤 곳에도 남아있지 않은 것이 사실이나, 일부 지역에서는 우주와 그 안에 있는 인류의 공간에 대한 개념들 속에 원사시대(protohistoric times)로부터 내려온 많은 요소들을 보존하고 있다. 이 개념들은 이후에 특히 엘리트 계층의 예술적 표현방식을 변형시킨 힌두교와 불교 및 다른 사상체계가 동남아에 도입되기 이전에 이미 성립되어 있었다. 이 지역의 예술가들은 기록이 시작되기 이전 그들의 선조가 만들었던 것과 유사한 재료와 기술을 사용하고, 또한 유사한 형태와 양식의 예술품을 생산한다.

그 지역 초기 정착민들의 물질문화와 가장 유사하다고 일반적으로 여겨지는 집단들은 수도(wet rice, 水稻) 경작 지역 너머에 거주했던 사람들이다. 대륙부 동남아는 수도 경작미의 대부분을 저지대 평야에서, 도서부는 자바와 발리 섬에서 재배한다. 그 외의 지역에 살고 있던 또라자족(Toraja), 이반족(Iban), 이프가오족(Ifugao), 바딱족(Batak) 및 남동부 인도네시아 제도의 믄따와이(Mentawai)와 니아스(Nias)와 같은 섬 지역 주민들은 소규모 사회에서 전통적인 방식으로 살고 있으며, 그들의 예술적 표현 방식은 선조들의 특성을 많은 부분 유지

[44] 코뿔새 '끄냐랑(kenyalang)'의 형상. 사라왁(Sarawak)의 이반(Iban). 높이 800mm.

하고 있다. 대륙부 동남아의 경우, 베트남의 중부 고지대에 살고 있는 일부 종족들이 북부 산지에 거주하고 있는 여러 종족들과 마찬가지로 이러한 부류에 속한다. 외부인의 가치를 거부하는 사람들이나 외딴 언덕에 살거나 교역을 할 만한 물건이 거의 없는 사람들은 외부인과 접촉할 기회가 거의 없다. 그러나 그들의 물질문화가 지닌 상징적인 힘은 아마도 지속성의 원인이 되었을 것이다. 최근 외부세력이 동남아의 삶에 예전에는 없던 매우 강력한 영향을 미치고 있음에도 불구하고, 토속적 문화형태는 놀랍게도 지속되고 있다.

전통적인 예술품에서 발견되는 문양의 형태들, 가령 나선형, 파형, 지그재그형과 여러 다양한 기하학적 문양들은 동남아 전역에 걸쳐 공통적으로 나타난다. 이렇게 지역마다 문양이 유사한 이유에 대해 다양한 의견들이 제기되어 왔다. 현재 가장 신빙성이 결여된 주장은 바로 전파론(傳播論) 이론가들의 주장으로, 그들은 복잡한 모티프나 문양의 배열이 지배문화의 침범으로 인해 이식된 것들이라고 설명한다. 따라서 이들은 현재 북부 베트남에서 수입된 동썬북(Dong Son drum)에 새겨진 문양과 타지에서 발견되는 조각 및 직물의 문양이 유사한 것을 '동썬 문화권'이 도입된 증거로 여기지 않는다. 이들 문양의 일부가 모방된 것은 사실이며, 거의 대부분의 장식용품에서 보이는 많은 형태들이 차용된 것임을 알 수 있는 많은 증거들이 있다. 그러나 사실상 이러한 증거는 현지 예술가들이 그들 자신의 문양을 만들거나, 그들 자신의 문화와 부합되는 외부적 요소만을 선별해서 받아들였다는 것을 암시한다. 문화적 상호작용은 분명 역내에 존재하는 다양한 문화들 사이에서 뿐만 아니라 지역의 영역을 뛰어넘는 초 지역적 및 초 문화적으로도 이루어졌다. 문양의 유사성은 이들 간의 독창적인 상호작용 또는 상호결합의 결과인 것이다.

전통사회의 예술은 다양한 역할을 담당하나, 특히 선조들의 정령이나 신 및 그 외 여러 초자연적인 존재들이 존재하는 장소처럼 보이지 않는 세계와 접촉할 필요가 있을 때 주로 사용된다. 더욱이 그것과 관련된 많은 방법을 통하여 예술은 가문들 간의 동맹을 강화하고, 신분이나 지위 또는 정치력을 내세우며, 사람들이 살고 있는 환경의 미학적 외관과 세력을 고양시키는 데에도 사용된다. 특별한 형태의 대상물의 디자인과 제작은 과거로부터 존경받는 권력자가 지시한 요구사항에 부합되도록 작업이 수행되었으며, 이러한 관행을 준수하지 않고 이탈하는 행위는 대상물의 힘과 효험을 감소시키는 것과 다름없는 행위로 여겨진다. 그러나 이것은 혁신의 부재를 의미하는 것이 아니다. 권력자가 지시한 패턴은 최종 완성작에서 나타나는 일부의 외관만을 결정하게 되는 것이다. 모든 매체에서 나타나는 각개의 표현방식은 약간씩 달리 나타나는데, 예를 들어 직물과 조각 및 가옥 형태를 각각 분석해보면 예술가들 개개인이 규정된 문화적 체제 속에서 작업을 수행하면서도 나름대로의 독창적인 해석을 가미했다는 사실을 알 수 있다. 길쌈천의 날실에 모티프를 꾸미는 이반족 직공[45]은 단순한 재생산 작업을 하는 것이 아니라, 제작자가 소유한 기술과 지식에 따라 자신만의 힘을 실은 개인적인 작품을 만들어낸다.

우주가 세 부분으로 구분된다는 개념에 입각한 우주론적 신앙체계는 동남아의 '전통적인' 문화에서 반복되는 주제이다. 세계는 흔히 독사나 거북 같은 거대한 생물체의 등에 놓여 있다고 여겨져, 이들 생물체의 끊임없는 이동으로 인해 바다의 난류나 땅의 지진이 발생할 수도 있다고 생각한다. 지하와 심해에는 정령들이 존재하는데 만약 이들에게 해를 가하면 악하게 변하며, 인간계에 있는 죄인들의 생사를 주관할 수도 있다. 이 눈에 보이지 않는 수많은 정령들은 돌이나 하천, 나무와 웅덩이 등 자연계에 다수 존재한다. 들판과 숲속에 깃든 수많은 생명체들 역시 정령들로 이들은 주로 동물의 형상을 띠고 있다. 인간계를 초월한 세계와 천상에도 정령들이 존재하는데, 그들은 선하거나 악한 존재들로서 인간들의 삶을 통제할 수 있다. 신이나 일부 초자연적인 존재들 가운데는 비바람과 연관된 정령도 있으며, 또한 질병과 관계된 정령일 수도 있다. 또 다른 존재는 선조들의 정령으로 이들은 종종 새나 동물의 형상으로 출현한다. 마을 사람들은 화난 정령들을 위무하거나 정령들의 도움을 호소하는 행위를 통해 불운과 재난을 방지하거나 사냥의 성공과 풍년을 보장받기도 한다. 봉헌물이나 봉헌을 위한 수단을 만들어 정령들과의 접촉을 시도하거나 정령을 위로하기 위해 물질세계의 여러 측면을 준비하는 데에 수많은 창조적 에너지와 정성이 가해졌다. 많은 사회에서 중요하게 여기는 것은 자연법칙과 조화를 이루는 행위를 통해 균형을 유지하는 것으로, 자연에서 비롯된 교훈은 행위의 규범을 통제할 수도 있다. 그런 규범을 어기는 행위는 공동체를 '위험하게(hot)' 만들며,

'안정된(cool)' 상태의 환경을 재건하기 위하여 정화의례
가 필수적으로 시행된다. 우주세계와 인간사회의 구성
및 이것과 식물세계, 동물세계 및 그 밖의 자연세계와의
관계에 관한 관념은 동남아의 많은 문화권에서 표현되
고 있는데, 특히 고지대와 산간 지역 및 동부 도서부 지
역에서 두드러진다.

　세 부분으로 구성된 우주에 관한 예술적 묘사에서 천
상의 세계는 종종 새의 형상으로 상징화되곤 한다. 초
기 동썬북에 왜가리가 새겨져 있는 것처럼 선박의 끝머
리에 코뿔새가 선수상(船首像)으로 새겨진다. 부리 뒤편
에 독특한 투구 모양의 돌기가 나있는 거대한 새인 코뿔
새는[44] 도서부의 많은 문화권에 있어서 중심적인 특징
으로 나타나고 있다. 믄따와이(Mentawai) 지역의 코뿔
새는 종교적 의례에서 역할을 담당한다. 사라왁에는 코
뿔새를 높은 기둥에 앉아있는 모습으로 깎아서 묘사하
는데, 코뿔새를 상징적으로 나타내기 위해 띄운 연으로
대표되는 천상의 신인 씽가랑 뿌롱(Singalang Burong)
에게 경외를 표시하기 위해 열린 연회에서 이 코뿔새 형
상이 전시되기도 한다. 끄냐랑(kenyalang)이라고도 불
리는 이 코뿔새 형상에 관해 몇몇 사람들은 창조주 신
을 묘사한 것이라 설명하는 반면에 어떤 사람들은 선조
를 기리기 위한 목적으로 이 형상을 세워두는 것이라고
설명하기도 한다. 그러나 그 어떤 경우에도 코뿔새는 예
외 없이 천상세계와 관련 있다. 지상세계는 악어나 새
우, 오징어 및 다양한 종류의 물고기와 같이 여러 수중
생물들로 묘사되는 경향이 있다. 하나의 대표적 예는 물
뱀 또는 '나가(naga)'로서 이들은 세계의 네 방위를 통제

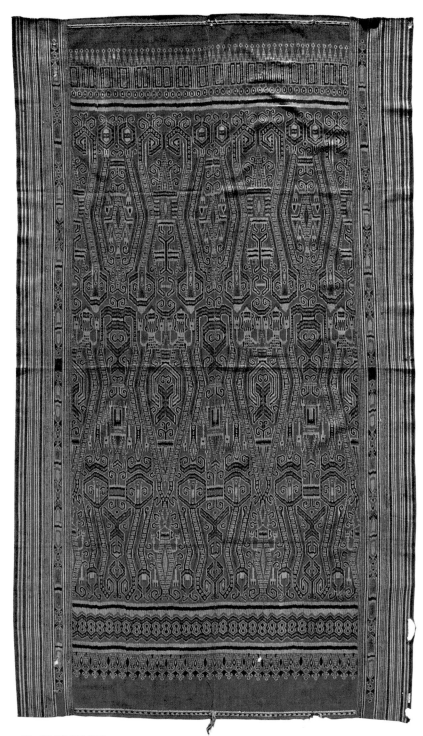

하는 집단으로 여겨진다. 나가는 비단뱀이나 물고기와 마찬가지로 이 지역에 걸쳐 나타나는 예술적 표현에 있어서 하나의 상징적 의미를 지니고 있다. 숨바(Sumba) 지역 사람들은 이 지역의 직물에 재생의 관념이 깃들어 있다고 말한다. 허물을 벗는 뱀은 특별히 부활과 관계있으며, 서부 숨바의 꼬디(Kodi)에서 사용되는 이깟(ikat) 직물의 일부는 뱀의 이름을 지니고 있다.

천상계와 지상계를 연결하는 것, 즉 하늘과 땅을 연결하는 개념은 나무의 이미지로 표현되는데, 이것은 각

[45] 이반족 직공들은 여기 '끌르꾸 암분 블라부 (Kelekuh Ambun Belabuh)'라는 제목을 붙인 뿌아꿈부 (pua kumbu, 이반족의 전통 직물을 의미함—역주)에서 보는 바와 같이 종종 그들의 디자인을 꿈꾼 것에 근거를 둔다. 사라왁의 르장 (Rejang) 강의 상류지역. 20세기 초. 2652×1550mm.

[46] 코뿔새와 용이 새겨진 블라윙(belawing)이라는 끄냐족의 의례용 기둥. 동부 깔리만딴(Kalimantan) 마하깜(Mahakam) 강 중류지역의 다따 빌랑(Datah Bilang).

지역마다 서로 다른 방식으로 해석된다. 동부 보르네오(Borneo) 지역에 거주하는 바리또족(Barito)들은 천상계와 지상계의 두 세계를 연결하는데 있어 나무의 역할을 매우 명확하게 설정하고 있다. 이 나무의 역할을 살펴보면 뿌리는 지상세계와, 줄기는 천상세계와 연결되어 있음을 알 수 있다. 표면에 용의 형상을 깎아 장식해둔 거대한 나무기둥[46]은 지상계에 살고 있는 여성을, 코뿔새 형상은 천상계에 살고 있는 남성을 상징하며 보통 이것을 장례식장에 세워둔다. 생명의 근원 그 자체를 나타내는 남성과 여성의 결합은 이 나무 내에서 표현된다. 그러나 모든 나무들이 지니는 상징적 의미가 다 똑같은 것은 아니다. 동남아의 예술에 관한 해석들은 종종 '생명의 나무'를 지칭하기 때문에, 이러한 개념은 정확하게는 풍요로움, 생명, 번영의 의미를 함축하는 나무들에게만 적용될 수 있다. 특정한 나무들, 가령 렝가스(rengas)나 아로(aro)와 같은 나무를 언급한다는 것은 다양한 의미를 지니는데, 이들 나무는 중부 수마뜨라에 있는 초자연적 정령들과 관련이 있다. 일반적으로 람뿡(Lampung) 직물에 나타나는 나무의 이미지가 번영을 상징하는지에 대한 여부는 확실치 않다.

마찬가지로 배의 이미지를 무조건 '죽음의 선박(ships of death)'으로 해석하는 데에도 재고의 여지가 있다. 사람은 사후에 육체에서 분리된 영혼이 태초의 장소로 배를 타고 이동한다고 널리 믿고 있으나, 사실 이 배의 이미지는 특히 도서부 동남아에서는 매우 폭넓은 의미로 사용된다. 물론 일부분은 명백하게 죽음과 연결되어 있다. 예를 들어, 높은 신분의 바딱족의 유해는 배의 형상으로 만든 석관 속에 매장한다. 그러나 지식과 교양이 있는 선조들이 바다를 통해 도착했다는 전설이 북부 지역이나 서부 지역 할 것 없이 여러 사회에 존재하며, 배의 형상으로 가옥을 건축하는 것은 죽음의 여정을 지칭하는 개념이라기보다는 주로 선조들의 도착과 관련이 있다. 싸부(Savu) 섬에는 섬 그 자체뿐만 아니라 여기에 건축되는 가옥들도 은유적으로는 배로 간주된다. 이 섬의 여러 지역에서 가옥의 박공판 끝머리가 '달팽이'로 불리며, 그중 몇몇은 '뱃머리'와 '뱃고물' 형태를 띠고 있다. 그러나 배의 형상은 훨씬 더 넓은 맥락에서 해석되기 때문에 앞서 언급한 가옥의 형태가 선조들의 도착을 상징한다는 생각도 대개 신빙성이 떨어진다.

말레이인과 자바인들의 정체성을 상징하는 단검의 일종인 끄리스(keris)의 칼집 윗부분도 종종 선체의 형상이 새겨져 있다. 람뿡에서 발견되는 배문양의 직물은 주로 결혼식에서 사용되는데, 이것은 이제 한 쌍의 남녀가 같은 선박에 승선하여 삶의 여정을 떠난다는 의미를 지닌다[48]. 따라서 배의 이미지는 단지 죽음과 연관 있는 것이 아니라, 삶의 과정에 있어서 과도기적이고 기념비적인 단계를 포함하는 삶의 총체적인 범주와 관련이 있다[47].

소규모 사회의 예술에서 선조들의 역할은 핵심요소이며, 많은 경우 예술작품을 통해 그들의 혈통이 시작된 시조(始祖)의 모습을 엿볼 수 있다. 한 명 혹은 그 이상의 선조는 천상의 세계로부터 내려온 존재로 간주된다. 이 선조들 중 일부는 여성과 남성의 형상을 합쳐놓은 모습을 띠는데 한쪽은 땅을, 다른 한쪽은 하늘을 의미한다.

또 다른 맥락을 살펴보면, 그들의 선조들 중 한 명 혹은 모두가 외국으로부터 배를 타고 들어왔다고 전한다. 그들의 후손이라는 사실이 거주하는 땅의 권리나 특권을 주장하는 중요한 근거가 되는 지역에서는 선조들에 대한 기억은 남아 있으며, 그들을 기념하고 언제라도 그들의 영혼을 불러서 담을 수 있는 조각을 만들고 이용함으로써 그들의 선의(goodwill)가 보전된다.

술라웨시(Sulawesi) 고산지대의 마마사족(Mamasa)과 싸단또라자족(Sa'dan Toraja)은 장례에 있어서 인물상을 조각인형으로 만든다. 따우따우(tau-tau)라고 불리는 이 마마사족의 인형은 고인을 나타내며, 제작자가 상징적으로 생명을 불어넣는다[50]. 인형 제작자에 의해 '임종'하기 직전에 거행되는 의식에서 따우따우는 높은 신분의 귀족들이 입는 복장을 착용시키는데, 이는 망자의 영혼을 죽음의 처소로 인도하기 위함이다. 싸단또라자족은 절벽에 임시로 설치한 돌로 만든 공간이나 지하 납골당에 상류층 신분으로 사망한 망자를 안치시킨다.

[47] 응아주다약족(Ngaju Dayak)의 '망자의 배'는 그들의 장례 용품의 일부이다. 배 모양의 관과 죽음을 상징하는 집, 생명의 나무는 악단과 함께 동원된다. 응아주족은 영혼이 그 배를 타고 내세로 여행한다고 믿는다. 이 복제품은 고무로 만들었다. 크기 240×465mm.

[48] 물속에 물고기가 있고, 그 위로 새가 날며, 말을 타고 있는 사람과 서있는 사람을 실은 선박을 묘사한 이와 같은 문양은 남부 수마뜨라의 의례용 면직물에서 종종 발견된다. 이 직물은 특별히 결혼예식에 사용되는데, 종종 신부 측과 신랑 측이 예물을 교환할 때에 이용한다. 수마뜨라 람뿡(Lampung) 지역의 땀빤(Tampan). 크기 870×760mm.

이때 그 일대를 감시하는 수호자의 역할로서 따우따우 인형을 앞에 세워두게 된다. 따우따우의 인형은 동남아 에서 발견되는 다른 선조들의 인형보다 인물적인 특징 이 훨씬 두드러진다. 망자의 유해가 매장된 이후에도 오 랫동안 따우따우는 의복을 갈아입히는 등 지속적인 관 리가 이루어진다.

선조들을 표현한 각 조각상들은 이 지역에 걸쳐 놀랄 만큼 유사한 형태를 보인다. 보르네오섬에서 발견되는 웅크린 자세의 좌상(坐像)은 플로레스(Flores)나 수마뜨라에서 발견되는 것들과 매우 비슷한 모습을 띠고 있다. 그러나 모든 조각상이 선조를 묘사하고 있는 것은 아니다. 베트남에 위치한 조라이(Jorai) 마을에 있는 무덤들 주변에 놓인 조각상들은 아마도 노예로 추정되는 망자의 추종자들을 묘사해 둔 것으로서 내세를 향해 떠나는 망자의 여정에 동참하여 그 곳에서 망자를 보살핀다. 한편, 동부 말루꾸(Maluku)에 있는 마을 중심부의 공공장소에서 발견되는 많은 조각상들은 아마도 마을 건립자들을 기념해 둔 것 같다. 이 사회에서 여성이든 남성이든 간에 비교적 최근에 사망한 친척의 조각상을 집 내부에 보관하는데 이 조각상은 종종 복잡하게 문양이 새겨진 제단 위에 안치된다. 이러한 조각상들이 상징하는 사람이 높은 지위에 있었다는 것은 착용하고 있는 귀중한 보석 장신구나 이들이 놓여 있는 자리를 통해 알 수 있다. 조각상의 특징과 자세에서 엿보이는 다양한 요소들은 그 사람을 묘사하기 위한 것이다. 이와 반대로, 니아스족(Nias)의 선조상인 아두 자뚜아(adu zatua)는 인물보다는 지위를 강조해서 표현한다[49]. 노인이 사망하면 그의 형상을 기둥에 붙이거나 벽에 고정시켜 집안 내부에 비치하는데, 이때 망자의 상은 위기의 순간에 사람들을 보호해 주거나 관혼상제를 수호해 주는 역할을 한다. 높이가 높고 끝이 갈라져 있거나 깃털로 덮여있는 머리장신구는 사회적으로 높은 신분을 의미하는 반면에 광을 내지 않은 작은 크기의 조각

[49] 선조를 형상화한 목조
조형물인 아두 자뚜아(adu
zatua). 니아스(Nias). 높이
242mm.

[50] 유해가 안치된 곳의 인형(따우따우). 술라웨시 따나 또라자(Tana Toraja).

상은 영아의 죽음이나 사회적 신분이 낮은 자를 의미한다. 19세기에 선교사들의 유입으로 인해 수많은 선조들의 조각상이 부서지거나 제거되었고, 그들의 원래 기능이나 의미도 상실했다.

선조의 형상이 기능하는 다양한 맥락에도 불구하고, 이들은 망자가 살아있는 사람들과 함께 한다는 의식과 함께 망자가 내세로 가는 도중이나 그 이후에 그들의 영혼에 영향을 미치고자하는 필요성과 관련이 있어 보인다. 선조의 형상은 남계(男系) 혈통에 따른 혈연집단의 흔적이 보이는 사회나 쌍계(雙系) 혈통으로 간주되는 사회 모두에서 나타난다 (여기에서 각 개인은 두 개로 분리된 혈연집단에 속할 수 있다). 플로레스(Flores) 응아

[51] 플로레스 응아다 (Ngada) 지역의 응아두 기둥. 응아두 기둥은 기단에 석재를 두르고 지붕은 억새를 얹어서 원뿔형으로 만들었다.

[52] 한쪽 끝이 두 갈래로 갈라진 뻬오 기둥은 플로레스의 응아다 지역에서 자생하는 헤부(Hebu) 나무로 만들어졌다. 기둥이 상징하는 요소 중 하나는 플로레스 지역에서 신부 값(bridewealth)의 일부로 사용되는 쌍도끼의 머리 모양을 닮은 따까라는 지붕장식이다. 따까는 크기가 숨바 서부지역([54]를 참조) 마랑가(marangga)의 3분의 1밖에 안 되지만 그 모티프는 매우 유사하다.

다(Ngada) 지역의 모계사회는 전통적으로 선조들을 모신 두 개의 중심 사당(祠堂)을 갖고 있는데, 이 사당은 하나는 여성을 기리고 다른 하나는 남성을 기린다. 여성을 모신 사당이 제일 먼저 만들어지는데, 이 사당은 직사각형 모양의 작은 집으로 이루어져 있다. 어떤 지역에는 출입문에 아주 정교한 문양이 새겨진 판자와 남성과 여성이 말을 타고 출입구를 수호하는 형상이 놓여진다. 남성 사당은 아닷(adat) 의상을 구성하는 세 가지 요소인 두건과 가슴에 두르는 넓은 장식띠 그리고 허리끈을 상징하는 세 형태를 가진 응아두(ngadhu) 기둥이다 [51]. 부계사회에는 응아두 대신 맨 끝이 갈라져있는 뻬오(peo) 기둥을 세우는데[52], 이 기둥에는 태양, 달, 씨족(氏族) 및 쌍날도끼 또는 여성을 상징하는 따까(taka)

를 묘사하는 상징물들로 표면이 장식되어 있다.

남성과 여성 세계의 조화는 인도네시아 문화에서 핵심적으로 묘사된다. 이러한 조화의 한 예를 노동력의 분업에서 찾아볼 수 있다. 즉, 남성은 나무와 금속 세공을, 여성은 직물과 매트, 바구니 세공을 담당할 책임을 진다. 이와 비슷한 분할의 양상은 전통사회에서 나타나는 결혼식에서 신랑과 신부 가족 간에 이루어지는 상호 간의 예물교환에서도 드러난다. 신부 측이 신랑 측 가족으로부터 기대하는 예물은 무기나, 상아, 금속 귀걸이나 다른 여러 보석류, 소나 말 등 매우 다양한 반면에 신랑 측이 신부 측에게 기대하는 주요 예물은 대개 직물인 것 같다. 바딱 사회에서는 이러한 예물들이 지니는 유형에 따라 적절한 명칭이 붙여진다. 신랑 측의 예물은 삐쏘(piso, 문자적으로는 '칼'을 의미), 신부 측의 예물은 우로스(ulos, 직물의 의미)라고 부르긴 하나, 이 용어는

[53] 북부 수마뜨라인의 디자인에서 종종 나타나는 소용돌이 형태이다. 두꺼운 은줄을 감아 만든 **빠둥빠둥**(padung-padung)이라고 하는 귀걸이 모양이다. 까로바딱족(Karo Batak)의 여성들은 이것을 머리장식에 의지해서 착용하는데, 한 면은 앞을 향하고 다른 면은 뒤를 향하게 한다. 이는 결혼생활에서 남편과 아내의 권력관계가 변화하는 것을 상징적으로 나타낸다. 크기 80×64mm.

원뜻이 가리키는 칼이나 직물 외에도 다른 물품들을 포함할 수 있다. 이러한 상반성은 생산에서 나타나는 양가성(兩價性)의 개념과도 관련 있는 것 같다. 가령, 직물은 여성이 지닌 생명 창조적인 힘을 상징하며, 짐승을 죽여 고기를 공급하고 적군의 머리를 베어내는 남성의 무기는 죽음을 상징한다. 이반족들 사이에서는 직물을 짜는데 사용되는 실을 염색하기 위한 준비과정 중 일부를 '여성의 출정(the women's warpath)'으로 알려져 있는데, 이것은 매우 명백하게 개념적으로 상반되는 특징을 나타낸다. 이러한 상반성은 동시에 상호보완적 성격을 띠고 있다. 왜냐하면 여성은 출산을 통해서, 남성은 도축 및 적군의 머리사냥의 형태로 생명력을 산출함으로써 남성과 여성 모두가 공동체에 생산성을 제공할 수 있기 때문이다. 예술은 남녀의 양극성을 표현할 뿐만 아니라 그들이 조화를 이루도록 할 수 있으며[53], 이것은 특히 남성과 여성의 이미지가 하나의 객체로 결합되었을 때 가능하다.

숨바의 예술에서 무덤의 묘비에는 망자의 혈통과 부, 의례상 서열 등을 묘사하는 다양한 도상학적 이미지들로 장식되어 있다[54]. 혈통은 일반적으로 식물에 비유해 묘사되는데, 여기에서 후손들은 과일이나 꽃 또는 그들 선조의 혈통이 시작된다고 여겨지는 식물의 새싹이나 새순 등으로 표현된다. 서열은 거북과 같은 토템 신앙적 이미지로 표현되며, 거북은 숨바 지역의 귀족혈통 중 하나와 관련이 있다. 하나의 이미지는 흔히 부를 표현하는 데에 사용되는데, 가령 마물리(mamuli) 귀걸이는 숨바족 신랑이 신부 값으로 지불하는 물품 중 하나로 부를 상징한다. 구멍처럼 생긴 마물리의 형태는 숨바의 예술에서 흔하게 등장하며, 이것은 여성의 생식력과 긴밀하게 연결되어 있다. 묘비에는 종종 수탉이나 수컷 염소, 또는 꼬리가 위로 솟은 종마 등의 동물과 같이 주로 남성을 형상화한 이미지들로 둘러싸여 있다. 같은 방식으로 여성이 만들었거나 여성용으로 생산된 스커트의 직물에는 해골나무(skull tree)와 같이 종종 남성의 이미지를 포함하고 있는 반면에 힝기(hinggi)라 불리는 남성

[54] 서부 숨바 지역에 위치한 아나깔랑(Anakalang) 라자(Raja, 왕)의 묘비는 여성과 남성의 형상으로 두드러지며, 다른 작은 형상들이 측면에 나타난다. 남녀의 형상이 서있는 벽감을 장식하고 있는 기하학적 모티프 중에는 가슴 장식인 마랑가(marangga) 모티프가 있다.

용 어깨끈은 남성적 이미지와 동시에 때로는 마물리와 같이 여성적 이미지를 나타내기도 한다.

동부 숨바의 힝기 직물의 패턴[56]을 깊이 연구해 온 아담스(Marie Jeanne Adams)는 힝기 직물에서 나타나는 구조적인 특성이 어떻게 사회구조의 변화를 반영하는지에 관해 주목해왔다. 직물의 문양은 중앙에 위치한 가로로 나열된 띠를 중심으로 하여 각각 양쪽에 대칭을 이루며 가로형의 띠로서 가지런히 나열된다. 더욱이 그 디자인은 종종 세로의 중심축을 기점으로 대칭을 이루며 위치하고, 모티프 자체는 대개 직물의 끝동을 따라 가지런히 나열된다. 아담스는 중앙에 있는 띠와 모티프들이 서로 만나는 것은 경쟁하는 전사 집단의 집들이 중재하

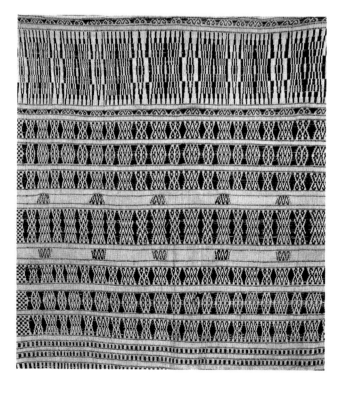

[55] 바딱족의 '영혼의 천'에서 나타나는 천조각인 삐나르 할락(pinar halak). 이러한 직물의 가장자리에 각각 천조각이 달려있는데, 하나는 여성을, 다른 하나는 남성을 의미한다. 여기에는 이 직물을 착용하는 자의 삶과 관련된 문양이 새겨져있다. 북부 수마뜨라의 로까 또바(Loka Toba). 크기 470× 420mm.

는 사제계급 구성원의 집들로 인해 분리되어 있는 이 지역의 전통적인 마을구조와 상징적으로 부합한다고 주장한다. 대칭형, 균형 및 중재형을 가시적으로 표현한 이러한 배열의 상징성은 많은 동남아 예술매체에서 일반적으로 나타나지만, 직물에서 나타나는 형태가 아마도 가장 두드러질 것이다. 인도네시아에서 직조된 천의 많은 양이 세 개의 가로형의 띠가 세로형의 띠를 가로지르는 디자인으로 구성되는데, 이 띠들은 각각 별도로 직조되었거나 서로 다른 색깔로 분리되었을 것이다. 바딱(Batak)의 우로스 니 똔디(ulos ni tondi)라 불리는 '영혼의 천(soul cloth)'은 여성이 최초로 임신했을 때 친정어머니로부터 받게 되는 천으로 두 개의 끝동은 특별히 '남성'과 '여성'을 나타낸다. 이 천은 가장자리에 씨실을 추가해 직조한 천조각의 일종인 삐나르 할락(pinar halak)[55]이 포함되어 있는데 이 천조각의 문양은 독특한 특징을 지닌다. 꺼잉족(Karen, 원어를 영어로 전사할 때 '카렌'이라 표기하기도 하나 실제 발음은 '꺼잉'이다-역주) 치마의 천이나 다른 주변 종족집단에서 나타나는 전통적 직물의 많은 부분에서도 디자인이 세 부분으로 나누어진 배열의 형태를 찾아볼 수 있다. 람뿡의 선박 문양 직물은 언뜻 보기에는 그 문양이 대칭적으로 배열된 것처럼 보이나 가까이 들여다보면 미세한 부분에 있어서 약간의 차이들이 눈에 띈다. 루손(Luzon) 지역의 비나꼴(binakol) 담요의 문양에서 약간의 불규칙함이 나타나는데, 이것은 직물의 화려한 패턴을 통해 무의식 상태에 이르게 된 샤먼이 일상 세계에서 이탈하거나 복귀하는 방법을 찾게 해주는 역할을 한다고 설명한다. 대칭성은 또

[56] 힝기 직물의 여러 디자
인 모티프와 함께 반사형 이
미지는 동부 숨바 지역사회
에서 나타나는 그와 유사한
패턴들을 반영한 것처럼 보
인다. 오징어 문양이 압도
적으로 새겨진 남성 망토.
인도네시아의 숨바. 크기
2860×1200mm.

한 때때로 인간계와 비인간계 사이의 인지관계를 나타낸
다. 사라왁의 이반족을 예로 들면[57], 이들은 벼의 정령
들이 우리가 사는 세계와 매우 비슷하나 거울 속 이미지
에 불과한 세상에서 거주한다고 상상해왔다. 이와 유사
하게 보르네오의 까얀족(Kayan)과 끄냐족은 내세를 생
명체가 존재하는 세계가 죽음의 세계로 뒤바뀐 상태로
상상하는데, 그러한 세계에는 여성의 몸을 덮고 있는 문
신에 나타나는 검정색의 문양이 하얀색으로 빛나면서 그
녀의 영혼이 세계의 안팎을 들락거릴 수 있는 길을 안내
해 줄 것이라고 설명한다.

예술은 다양한 방법으로 정령의 세계를 통과하는 수단
으로 이용될 수 있다. 그 한 예가 바로 가면인데[58], 가
면을 착용한 자는 다른 존재의 혼령이 착용자의 육체에
내리거나 동물, 악마, 조상신 등 다양한 형태의 영혼들
과 영접상태에 이를 수 있다. 이러한 상황은 특히 생기를
파괴시키는 등 다양한 방식으로 공동체를 위협하는 악
한 기운을 쫓아내기 위해 개최되는 축제에서 연출된다.
적절한 안식처를 찾지 못한 고인의 영혼은 그 원인이 되
는 요소를 의식을 통해 제거하지 않으면 위험을 야기할

수도 있다. 보르네오의 여러 문화 집단에서 나타나는 무용수들은 악령과 마을 주민들과 닮은 존재들에게 상처를 입히는 수호신이나 혹은 천상에서 축복을 가지고 내려온 자애로운 초자연적 존재들을 상징하는 의복을 입고서 신과의 연합을 연출한다. 가면은 신화를 재연할 때에도 사용된다. 끄냐족과 까얀족들이 착용하는 멧돼지 가면은 외부인에 의해 볍씨가 토착사회에 도입된 것을 재현하기 위한 의례의 한 용품으로 사용된다[59]. 가면에 표현되는 얼굴 형상은 죽음을 기념하기 위해 세워진 기념물에 서부터 신생아용 유모차에 이르기까지 모든 사물에 대해 보호적 기능을 하는 모티프로서 등장한다. 괴물의 얼굴이라는 의미의 '후도(hudo)'라 불리는 이 얼굴 형상은 튀

[59] 후도우렁 바무이(hudo' uroong babui)라 불리는 멧돼지 가면은 벼의 파종 축제 때에 사용한다. 동부 깔리만딴의 마하깜(Mahakam) 강 상류지역. 높이 420mm.

어나온 눈과 드러난 송곳니가 특징이며, 종종 뿔이 달려 있거나 혀를 내밀고 있기도 한다. 보르네오나 그 밖의 지역에서 볼 수 있는 이 가면들은 인간이 지닌 독특한 힘을 묘사한다. 베트남의 조라이(Jorai) 지역에서 열리는 축제에서 한동안 사용된 이 가면들은 수염 난 남성, 천상이나 지하세계가 아닌 인간세계에서 들어온 외국인들을 나타내는 것으로 보인다.

가옥을 공유하는 문화적 전통을 상당한 수준으로 지니고 있는 지역에서 가옥의 형태는 유사성을 띠고 있다. 동썬북의 장식판에도 묘사되어 있는 이 가옥은 커다란 안장지붕을 받치는 기둥이나 말뚝이 조합된 특징을 나타낸다[60]. 이런 구조형태는 여전히 이 지역 전반에 걸쳐 널리 퍼져있으며, 거의 분명히 청동기시대보다 앞선다. 견고한 기능적 이점이 디자인에 가미되어 있는 한편, 이러한 가옥형태가 지속적으로 이어져 내려올 수 있었던 것은 아마도 미적인 측면과 상징적 측면도 만족시켰기 때문일 것이다. 특히, 세 단계로 나누는 공간구분은 사회적, 우주적 세계에 대한 관념과 상당히 부합한다. 집의 가장 아래쪽엔 가축의 공간이며, 집으로 올라 내부로 들어가면 사람의 거주공간인 반면에, 집의 제일 상층부는 종종 조상들을 위한 기물을 보관하는 장소로 쓰이거나, 정령의 세계와 밀접하게 관련되는 공간이 된다. 가옥 건축과 관련된 의례는 다음과 같이 해석할 수 있다. 수마뜨라의 일부 지역에는 사탕수수나 꿀과 같이 당류의 음식을 공기 중에 떠있는 정령들에게 바치기 위해 서까래를 설치해서 걸어두고, 철이나 북, 상한 계란과 같이 영험한 효험을 지닌 부적은 지상의 악마들을 쫓

아내기 위해 땅바닥에 놓아둔다. 남부 니아스 지역에서 가옥의 기둥은 조상의 다리를 상징적으로 나타내는 반면, 건물의 정면과 지붕은 조상의 얼굴과 왕관을 상징한다고 전한다. 세 단계로 구분 짓는 관점은 종종 가옥의 층수에서도 나타나는데, 예를 들어 말레이의 전형적인 주택양식은 일단 가옥 정면에 낮은 베란다가 있고 여기서 위층으로 올라가면 내부로 연결되는 거실 현관이 나타난다. 여기서 다시 위층으로 올라가면 이 집의 중심인 생활공간으로 이어진다.

가옥 건축용 재료는 열기, 비, 홍수 및 벌레와 같이 해를 끼치는 요소들을 견디어낼 수 있는 내구력을 갖추어야 할뿐만 아니라 영적인 측면에서도 적절해야 한다. 자연의 모든 부분에 생명력이 (말레이어로는 이 생명력을 스망갓(semangat)이라고 하며, 다른 지역에도 이를 의미하는 다양한 이름들이 존재한다) 깃들어 있다고 믿는 문화 집단에서 가옥은 건축에 들어간 모든 자재들의 생명력을 담게 되고, 그 각각의 생명력은 집이라고 하는 독립적 개체가 만들어지면서 새롭게 된다. 인간이 가옥을 건축하는데 기여한 노력 또한 가옥에 깃들게 된다. 인간은 가옥의 외부나 혹은 내부를 장식하는 조각이나 그림 장식에 아마도 특별한 노력과 의미를 부여하는 것 같다. 악령의 침입을 막기 위해서 부적을 집안 출입구나 창틀에 붙이기도 한다. 이러한 디자인에서 나타나는 공통적인 모습은 선이 연속적으로 배열된다거나 특정 힘을 견뎌내는 현상을 상징적으로 나타내는 것으로, 이 전형적인 예가 여러 전통식 가옥에서 찾아볼 수 있는 '끝없는 매듭(endless knot)' 디자인이다[61]. 이는 발리나 롬복

[60] 전통 가옥의 모습. 술라웨시의 따나 또라자(Tana Toraja).

(Lombok), 그리고 동남아의 다른 여러 지역에서 발견되는 완성된 의례용 직물에도 적용되는 디자인으로, 끊임없이 이어진 직물의 날실은 생명을 이어주는 힘을 상징하며, 날실이 끊어졌을 때 생명이 소진됨을 의미한다. 발리에서는 그링징(gringing)이라 불리는 이중으로 된 이깟 직물의 날실이 끊어졌을 때 그 직물이 지니는 상징적인 힘이 다했다고 보며, 그 직물은 폐기된다.

가옥의 치수는 거주자들의 치수와 상징적으로 조화를 이룰 필요에 의해 결정된다. 가령 말레이인들은 전통적으로 가옥 기둥들 사이의 간격은 그 가옥에 살기로 한 여성의 펼친 양팔의 길이에 의해 결정된다. 이와 마찬가지로 끄리스(keris)의 경우에도 그 치수가 이를 소유하기로 예정된 사람의 손의 크기와 상응해야 한다. 치수가 적절해야할 뿐만 아니라 소유자와 크리스의 특징도 상호 부합되어야 한다. 이러한 요소들이 서로 일치하지 않을 경우에는 소유자에 의해 자신이나 제삼자를 상하게 하는 위험스러운 사건을 야기할 수 있다. 하나의 물건은 이것을 만든 재료와 방법 그리고 공식으로부터 도출된 일종의 정수(essence)를 가진다는 관념은 동남아 예술품 제작의 핵심적 요소이다.

그러한 공식의 한 측면은 숫자로서 이것은 미학적 활

[61] 띠모르(Timor)의 꾸빵(Kupang)에서 발견되는 끝없는 매듭 부조. 이러한 매듭 디자인은 부적의 의미를 지니고 있는 중국과 이슬람 예술에서도 나타난다.

[62] 동부 인도네시아의 싸부 지역에 있는 후비이끼 집단이 만든 손으로 짠 면과 천연 염색을 사용한 여성의 통치마인 에이(ei). 이깟(ikat) 천의 본체에 나타나는 레도(Ledo) 모티프는 여성 선조를 의미한다.

동에 있어서 중요한 역할을 담당한다. 가장 우선적으로 중요시 되는 것은 짝수를 피하고 홀수를 선호한다는 것이다. 예를 들어, 잠비 지역의 전통식 가옥에는 지붕의 서까래와 출입구로 오르기 위해 세워둔 사다리의 디딤판 수를 홀수로 두어야 한다. 동남아에서 짝수는 생명을 상실하는 것에 가까운 개념을 표현하는 숫자인 반면에, 홀수는 생명과 활기를 의미하면서 지속성을 요구하는 숫자이다. 숫자들은 또 다른 의미를 나타낸다. 싸부(Savu) 지역에서 나타나는 여성의 이깟 치마의 검정색 밴드의 숫자는 전통적으로 이 치마를 입는 사람이 속한 섬에 있는 두 개의 모계집단 중 어느 집단에 속하는지를 말해준다. 전통적인 사롱(sarong)은 두 개의 밴드가 함께 바느질되어 있다. 만약 각 밴드에 일곱 개의 검정색 줄 문양이 들어있으면, 그 착용자는 후비애(Hubi Ae) 집단의 구성원임을 의미하며, 줄 문양이 네 개라면 후비이끼(Hubi Iki) 집단의 구성원임을 의미한다[62]. 숫자는 또한 어떤 대상을 제조하는 방식에 있어서 중요한 의미를 지니는데, 예를 들어 특정한 끄리스가 지닌 힘은 부분적으로 제작에 사용되는 광물 재료의 수와 관련이 있다. 즉 재료의 수는 홀수일 가능성이 크다.

전통문화와 외부세계의 문화 사이에 새로운 관계가 발전하면서, 예술가들은 다양한 방식으로 반응해왔다[63]. 새로운 재료와 기술의 도입, 시장에의 참여, 특정한 생산품에 대한 요구의 창출, 그리고 세계관의 변화 등은 예술적 생산품에 변형을 가져왔다. 몇몇 경우에는 현존하는 형태에 외부적 영향이 흡수되거나 가미되었고, 그 결과로 양식과 주제가 조화롭게 혼합되었다. 일부 전통적인 관례는 영구히 사라졌으며, 다른 일부는 긴 세월 동안 지속되어 온 시각적, 물질적 표현을 새롭게 하는데 다시금 사용되고 있다. 이러한 변화는 사회적, 정치적 환경에 대한 반영이며 또한 도전이기도 하다. 한때 족장이나 귀족들의 특권으로 여겨졌던 동부 숨바 지역의 힝기 직물에 표현된 모티프와 색상 및 형태는 혈통에 의해 신분이 결정되지 않는 오늘날 사업가들에 의해 사용된다. 종교적 변화가 일어난 곳에서는 새로운 종교의 도상이 이전의 도상과 서로 뒤얽히면서 동시에 양측 모두에서 의미의 상호 적응이 이루어진다. 영적세계와의 접촉을 위해 수행되었던 행사는 이제 외국인 관광객들을 위한 무대로 옮겨졌고, 관광객들은 자신들의 존재로 인해 지속되기도 하고 또한 훼손되기도 하는 그 행사의 '신빙성(authenticity)'을 경험하고 싶어 한다. 그러한 변화들을 일부 사람들은 애석해하며 가치 있는 문화적 유산의 상실로 간주하기도 하지만, 사실상 예술적 표현에 있어서 변형이란 장기간 유지되고 지속되는 과정 속의 일부분이며, 그 자체가 동남아 예술의 중심적인 특성이기도 하다.

제3장 힌두적 환상

인도 문화는 서기 첫 1000년 초기부터 교역을 통하여 동남아에 영향을 미치기 시작했다. 그 당시 동남아는 이미 잘 발달된 기술과 지식을 바탕으로 번성한 예술적 전통을 가지고 있었다. 따라서 현지인들이 인도의 여러 물질문화를 수용하여 그들의 것으로 흡수하는 것은 어려운 일이 아니었을 것이다. 인도 문화에서 중요한 특성 중의 하나는 종교인데, 이것은 그때 동남아에 도래하기 시작한 불교와 힌두교의 사상과 관습을 포함한다. 일부 소규모의 이주민 지역을 제외하고 오늘날 동남아에서 힌두교가 번성하는 곳은 발리(Bali) 정도이며, 이곳에서도 인도아대륙에서 볼 수 있는 힌두교 형태와는 많은 방식에서 벗어난 독특한 형태로 나타난다. 하지만 힌두교에 뿌리를 두고 있는 것이 확실해 보이는 관념, 전례, 도상

[64] 신성한 산을 의미하는 '스므르(Semeru)' 디자인을 넣은 자바 양식의 바띡 천의 확대한 모습. 비시누의 승용동물인 가루다의 양식화된 형태도 나타난다.

[65] 발리 힌두교의 상징인 9가지 색으로 사원 천장에 그려진 만다라. 각 색상은 우주에 존재하는 신 및 방향과 결합한다. 발리의 낀따마니(Kintamani).

(iconography), 예술적 형식들은 동남아 전 지역에서 분명히 확인할 수 있다. 힌두교의 영향은 위대한 건축물, 공연예술, 왕궁생활의 의례와 용구 및 수세기 동안 동남아인의 상상력에 영감을 주었던 힌두교 제신들에 관련된 특성과 신화 속에 남아 있다. 이러한 요소들은 아직도 살아 있으며, 비록 힌두교를 신봉하는 사람들은 비교적 작지만 동남아 예술의 많은 부분에 깊이 스며들어 있다.

현실 세계에 영향력을 미치는 힘의 구현자인 신들이 생명력을 불어넣는 세계에 관한 힌두교의 환상은 동남아에서 쉽게 정착할 수 있었다. 동물이나 인간 또는 초월적인 존재 등 다양한 구현 방법으로 등장하는 힌두 신들은 현지인들의 삶에 영향을 미치는 것으로 믿었던 기존의 초자연적인 존재들과 여러 면에서 일치했을 것이다. 힌두 신들은 여러 명칭으로 존재하지만, 그들의 능력과 에너지는 비슷했다. 우주에 편재하는 창조적인 생명력을 지닌 절대자의 개념은 그것을 표현하는 용어가 새로운 것이라 할지라도 아주 익숙한 것이었다. 오래된 까로바딱(Karo Batak)교에서 창조신인 바따라 구루(Batara Guru)는 산스끄리뜨어에서 파생된 것으로 그의 역할은 시바의 것과 상응한다. 이반족의 풍요의 신인 뿔랑가나(Pulang Gana)와 시바와의 상관관계가 감지되며, 힌두교의 '바따라(Batara)'에서 파생되어 전통적인 이반(Iban) 종교의 최고신에게 붙여진 쁘따라(Petara)라는 명칭은 힌두적 관념이 이반족의 종교에 영향을 주었음을 보여준다. 힌두교의 요소들은 기존의 관념을 변형시키기보다는 재구성하는 방식을 통해 동남아인들의 종교 체계로 흡수되었던 것 같다. 힌두교의 도상학적 용어들도 기존의 몇몇 상징적 모티프와 일치했다.

　동남아 예술에 미친 근본적인 힌두교의 영향력은 신들의 거주지가 그 중심에 존재한다는 메루 산(Mount Meru)과 관련된 우주관이다[64]. 그 산은 7개의 대양과 6개의 산맥으로 둘러싸여 있으며, 그 너머에는 4개의 섬이 있는 최초의 대양이 있고, 그 섬 중 하나에 인간이 거주한다. 인간의 세계와 신들의 세계는 무지개로 이루어진 진입로(causeway)로 연결되어 있다. 우주론적 산의 관념은 산과 언덕을 신령들의 거주지로 여기는 믿음과 상통하는 것 같다. 그와 같은 지표면의 돌출부는 오늘날에도 여전히 순례와 봉헌의 장소가 되고 있다. 이는 대륙부뿐만 아니라 거대한 화산에 생명과 영혼이 있다고 믿는 자바와 힌두교화 된 발리에서도 마찬가지이다. 산은 거의 모든 동남아의 예술에서 흔히 등장하는 이미지이며, 마찬가지로 힌두교의 성스러운 산기슭이나 그것을 둘러 싼 산맥에 거주하는 신비한 맹수도 나온다.

　방위는 매장 관습과 관련되어 이미 그 중요성을 지니고 있었으며, 건축과 농업에 있어서도 그런 활동을 구성하고 준비하는데 중요한 역할을 담당하는 태양의 위치와 함께 중요하게 여겨졌다. 세계는 네 개의 중요한 방위로 둘러싸인 성스러운 중심이라는 관점으로 이해되는 우주 모형, 즉 힌두 만다라(Mandala)[65]는 이미 네 개의 방위로 세계를 개념화한 듯 여겨지는 기존의 신앙체계 속으로 쉽게 포함되었다. 수마뜨라의 꾸부족(Kubu)은 인간세계와 상부세계가 네 곳에서 합치되며 그 가장자리를 온전하게 수호하는 신이 존재한다고 생각한다. 특정한 신, 색상, 숫자, 요소 등을 윤회의 단계를 비롯하여 팔 방위와 결합시

키는 것은 인도의 사상에서 파생된 것일 수 있다. 이 우주관은 이러한 관념을 가져다 준 종교 자체를 오랫동안 잊고 살아온 많은 동남아인들의 의식 속에 깊이 침투하였다.

동남아인들은 힌두교의 제신(諸神)을 여러 방식과 서로 다른 비중으로 받아들였다. 많은 현지 지배자들은, 사망한 후 영적세계에 들어갔다고 믿는 높은 지위의 조상에 대한 숭배의 전통을 지키면서, 스스로 힌두 신의 후손 혹은 화신으로 격상하거나 그렇게 보이도록 하였다. 다양하게 표현되는 힌두 신들은 동남아의 맥락으로 왕이나 왕비의 이미지로 간주되었다. 힌두교의 삼대 신인 브라흐마(Brahma), 시바(Shiva), 비시누(Vishnu) 중에서 시바는 초기에 매우 인기가 있었는데 이는 시바가 다산과 관련된 결과임이 거의 분명하며, 그보다 덜하지만 달이 지

[66] 태국 북동부에 있는 크메르 석조 건축물인 파놈룽 사원(Prasat Phanom Rung)의 중앙탑 앞 동쪽 출입문의 박공벽(pediment)에 새겨진 춤추는 시바, 나따라자(Nataraja) 부조. 춤추는 시바는 우주의 창조와 파괴를 상징적으로 표현한 것이다.

니는 여성성(性)에도 기인했던 것으로 보인다[66]. 사원에서 시바는 그의 상징인 링가(phallic lingam)([4]를 참고할 것)로 표현되었는데, 이 상징은 여성의 생식기로 표현되는 요니(yoni) 위에 놓이는 경우가 흔하였다. 비시누를 숭배하는 종파들도 있었는데, 비시누는 많은 아바따르(avatar, 화신)를 가지고 있으며 거북이나 물고기와 같은 동물의 형태로 나타나기도 했다. 인간과 독수리의 형상을 지닌 가루다(Garuda)는 그의 승용동물로서 동남아의 예술에 가장 오랫동안 영향을 미쳤다. 창조신인 브라흐마는 초기 조각에서 거위를 탄 모습으로 나타나지만, 비시누와 시바처럼 큰 인기를 얻지 못했다. 신들의 왕인 인드라(Indra)도 한 때 인기를 누렸으며, 특히 캄보디아 왕실에서 크게 성행했다.

5세기 이후부터 남신들과 함께 엄청난 여신들이 힌두 세계에 나타나기 시작했다. 이들 중 대부분은 위대한 여신 마하데비(Mahadevi)의 관념에서 기원하였다. 마하데비는 어떤 면에서 비인격적인 절대자의 능동적 요소를 의인화한 것이었다. 나중에 이 여신은 남신의 능동적인 힘을 표현하거나 부유, 대지, 다산 등이 결합된 관념들을 지니고 많은 모습으로 변모하였다. 인도네시아에서 데위스리(Dewi Sri)의 형상을 띤 쌀의 여신은 다산을 상징하게 되었다. 자바에서는 아직도 쌀을 추수할 때 첫 번째 자른 벼 이삭으로 데위스리의 형상을 만든다. 발리에서 다양한 형태와 소재로 양식화하여 만드는 여성상인 찔리(cili)[67]는 일반적으로 데위스리와 다산을 흔히 결합시킨다. 찔리는 특히 라막(lamak)에도 등장하는데, 라막이란 야자수 잎으로 제단이나 사원을 장식하고 봉헌을 표시하는 일종

[67] 짚을 소재로 데위스리를 상징하는 발리의 쌀 처녀상. 1960년경. 높이 410mm.

의 입표(runner, 立標)를 의미한다. 다산의 여신 역할에 있어서 데위스리 인물상은 자바의 결혼식에도 사용되며, 데위스리 자신인 롤로블로뇨(Loro Blonyo)와 그녀의 배우자인 데와사도노(Dewa Sadono)의 형태로 의식용 결혼 침상 앞에 놓인다.

이러한 핵심요소들을 비롯하여, 힌두교와 연관된 다른 많은 관념들이 동남아에 소개되었다. 일부 관념은 인도의 경전(shastra)에 담겨 있는 것으로 건축, 문학, 무용 및 기타 예술 형태와 관련된 지침을 전해주었다. 이것은 종교지도자(guru), 학자, 사제 겸 건축가들에 의해 필사본의 형태로 전래되었을 수도 있고, 동남아 현지의 장인이나 예술가들에게 직접 전수되었을 수도 있다. 또한, 해외에서 유학하던 동남아 학자들이 5세기에는 그리스와 로마의 삼각법에 의한 계산체계를 수용했던 인도 천문학을 배웠으며, 이는 특히 앙코르의 기념비적 건축물에서 그 증거를 찾을 수 있다.

고고학적 발굴에 따른 유물을 통하여 서기 1세기에 인도아대륙과 동남아 대륙부와 큰 섬들의 해안을 따라 형성된 공동체들 간의 무역로가 일정기간 존재했다는 사실이 드러난다. 이 시기에 정치적 차원의 관계도 시작되었다. 전설을 통해 볼 때 이는 현지 지배자의 딸과 인도에서 온 귀족이 결혼하는 형태로 나타난다. 도시국가들이 동남아 연안 특히 오늘날의 베트남에서 말레이 반도에 이르는 해안선을 따라 번성했다. 이들 대부분은 서쪽의 로마제국이나 인도와 동쪽의 중국 간에 수행되던 무역에 참여하여 부를 축적하였다. 기록에 나타난 이러한 유형의 최초의 정체는 3세기 중국 기록에 나오는 푸난(Funan)이며, 이 세력은 현재의 캄보디아 남부 지역 대부분에 영향을 미쳤다. 푸난의 중심지 중 하나로 간주되는 옥에오(Oc Eo)의 발굴에서 불교와 힌두교 같은 외래 신앙의 영향을 보여주는 유물과 함께 로마와 인도로부터 수입된 물품들이 다수 출토되었다. 푸난은 인도 왕자인 꼰디냐(Kaundinya)와 그 지역 공주인 소마(Soma)의 연합에 의해 세워졌다고 전한다. 이 전설은 이 시기부터 외부의 문화적 요소들과 혼합되는 동남아 예술의 특징을 말해준다.

동남아에 남아있는 힌두교 유물 중 가장 초기의 건축

[68] 베트남 중부지역에 위치하는 벽돌로 구축된 미썬 유적지 B1의 시바 사원.

물은 탑 형식의 사원으로 대개 언덕 꼭대기에 세워졌다. 4세기부터 힌두교 숭배의 중심지였던 참빠왕국의 미썬(My Son, 지금의 베트남) 지역에 남아 있는 가장 오래된 건축물은 7세기로 거슬러 올라간다. 그 건축물 중에서 가장 중요한 것은 한 칸으로 구성된 사원인 깔란(kalan) [68]으로, 때론 남북을 축으로 참빠에서는 3기의 사원이 나란히 건축되기도 했다. 참빠의 탑들은 대개 벽돌로 만들어졌으며, 석재는 출입문 기둥, 상인방(lintel), 기타 치장 요소에만 선별적으로 사용되었다. 기단 혹은 테라스에는 특별한 관심을 두지 않았으나, 탑 자체의 형상을 반영하는 전면의 구조물과 건물의 다른 방향에 있는 가짜(폐쇄된) 출입구에는 상당한 주의를 기울였다. 건물의 본체에는 수직선이 강조되어, 벽기둥이나 연이은 오목한 면을 사용할 때도 있었다. 그 위에는 계단 모양의 지붕 아래로 수평적인 윤곽을 사용하여 견고함을 더해 주고 구조물의 균형과 조화를 이루었다.

그런데 참빠 예술가들의 뛰어난 기량은 조각에서 여지없이 드러난다. 참빠 조각은 강인한 볼륨감을 특징으로 한다. 손발은 상대적으로 크고 단단하지만 매끄럽게 입체감을 살린 표면으로 인해 부드러움을 더했다. 얼굴의 형태는 단순하고 강하며, 도톰한 입술 표현과 함께 가끔 부드러운 미소를 짓고 있기도 한다. 특히 인물상이 주류를 이루는 후기가 되면 장신구가 현저하게 나타난다. 중심 신상이 안치되는 큰 대좌(pedestal)의 등장도 전형적인 특징이다. 이들 대좌의 측면에 깊은 부조로 새겨진 인물의 모습은 참빠 예술의 가장 위대한 업적에 속한다[70]. 참빠 조각 중에서 가장 뛰어난 작품은 10세기경 참빠의 종교적 중심지였던 짜끼어우(Tra Kieu)에서 출토된 사암 대좌에 새겨진 무희들이다. 미썬의 7세기 사원에서 볼 수 있는 초기의 대좌는 힌두교 의례(puja)의 정화의식에서 봉헌을 위해 신도들이 붓는 물을 받는 용기 역할을 했던

[69] 가자싱하(gajasimha,
코끼리-사자). 탑맘(Thap
Mam) 양식. 12세기경. 사암.
높이 2150mm.

[70] 참빠 짜끼어우에서 출
토된 대좌에 조각된 무희.
10세기. 양질의 담황색 사
암. 높이 630mm.

요니 위의 벽돌로 만든 링가를 받치고 있다. 이 대좌 계단
의 충뒤판(riser)에는 또 다른 그룹의 무희들이 있다. 이
인물들의 배열은, 깊은 부조의 조각 기술이 요구되는 해
부학적으로 불가능한 자세를 표현하면서도, 힘과 균형의
이미지를 창조해내는 참빠 조각가들의 능력을 보여준다.
사각형으로 제한된 구조에서 활력과 균형의 조화는 참빠
고전예술시대를 통하여 지속되었다.

인상적인 자세를 취하고 있는 반신(semi-divine) 수호자의 형상인 드와라빨라(dvarapala)는 일반적으로 참빠 예술에서 가장 활발히 조성되었다. 신들 자체의 이미지는 더욱 정형화되었다. 시바 사원에는 시바상의 자리에 종종 링가를 배치한 경우도 있지만, 시바를 비롯한 다른 힌두 신의 모습도 구현되었다. 이러한 작품들은 상대적으로 작으며, 비록 몇몇 초기 사례들은 환조(丸彫)로 제작되었지만, 대부분은 깊은 부조로 조각되어 그 뒷부분을 석판에 붙였다. 사실성을 표현하려는 시도는 거의 없었으며, 손과 발은 인도 양식에서 파생된 전통에 따라 표현하였으나 소재의 특성에 알맞게 변형하였다.

후기 참빠 조각은 동물이나 신화 속의 짐승을 묘사했는데, 그중의 일부는 참빠 예술에서만 조성된 독특한 것들이다[69]. 코끼리-사자는 아마도 성소 앞에 수호신상으로 사용되었을 것이다. 이것은 아마도 메루(Meru) 산의 숲에 사는 짐승 중 하나를 묘사한 것으로 보인다. 계단에 있는 용은 목둘레를 과일껍질로 묘사한 소위 탑맘(Thap Mam) 모티프를 표현했다. 부분적으로 뒤쪽은 곡선을 띠고 명확한 부조가 새겨진 용의 형태는 약간 중심을 벗어난 소용돌이로 끝난다. 또 하나의 특징적인 요소는 '여성 상반신 모티프'라고 이름 붙여진 것으로 12세기 참빠 미술에서 주목할 만한 요소이다. 이 모티프가 유행하게 된 이유에 대해서 여러 가지 설들이 있지만, 아직 확정적인 것은 없다. 이미 11세기에 참빠 왕국은 쇠퇴하기 시작했고, 13세기가 되면서 예술 활동은 활기를 잃었다. 조각들은 초기에 확연하게 눈에 띄었던 생동감이 없이 정적인 형태로 조각된 경우가 눈에 띄게 늘었다.

참빠 왕국은 성립해있을 당시에 주변 왕국들과 밀접한 관계를 가졌으며, 그 중에서 캄보디아와는 자주 충돌했다. 크메르 제국의 중심지로 설립되어 그곳에서 오늘날 동북 태국에 이르는 대부분의 지역을 다스렸던 지역의 이름은 앙코르(Angkor)로 알려져 있다. 많은 사원들이 수백 년에 걸쳐 앙코르에 건축되었다. 이곳에 세워진 최초의 사원은 천상의 왕의 이름을 차용하여 지상에서 그 권위를 행사했던 인드라와르만(Indravarman)에 의해 9세기에 건축되었다.

힌두교의 주요한 신들을 왕과 결합시키는 것은 이후에 더욱 강화되어 국왕은 권력과 다산 및 삶 그 자체의 상징이 되었다. 지배자를 우주의 축으로 생각하는 관념은 동남아 전체에 뿌리를 내렸다. 예를 들어, 후기 중부 자바의 족자까르따(Yogyakarta)와 수라까르따(Surakarta)의 지배자들은 분명하게 자신들을 세계의 '손톱'과 '배꼽'으로 여겼다. 천상에서 내려온 신성한 권력이 지배자를 통해 전달되며, 그 외부의 평범한 인간에게는 힘이 줄어든다고 믿었다. 그러나 이 권력은 행사할수록 감소하지만, 왕은 관념적으로 현 왕국의 중심으로 간주되었다. 이러한 관념은 땀과 신열 및 심지어 목소리의 발산이나 그림자를 드리우는 행위를 통해 소멸되는 생명력에 대한 기존에 널리 알려져 있던 관념과 교묘하게 일치하는 것이었다.

인드라와르만은 오늘날의 롤루오(Roluoh) 지역인 하리하랄라야(Hariharalaya)에 있는 쁘리아꼬(Preah Ko)와 바꽁(Bakong) 사원을 포함하여 아직도 앙코르 지역에 남아 있는 수많은 건축물들을 건립하였다. 이들 사원은 이후의 왕실 건축가들이 모델로 삼았던 중요한 특징들을 갖고 있다. 그 중 하나는 아마도 주로 의례를 베풀던 장소였으며 동남아의 수장숭배 전통과 맥을 같이하는 설립자의 기념물이기도 하였던 중앙탑(sanctuary tower)이었다. 참족(Cham)의 탑들처럼 쁘리아꼬 사원에도 탑 3기가 연달아 배열되어 있는데 각각은 사면으로 계단식 지붕을 가지고 있다[71]. 4면으로 난 문은 정교하게 치장되어 있으며, 특히 그 위에는 상인방 과 박공벽이 있다. 수호신들의 형상이 탑의 각 면에 나 있는 출입문의 양쪽에 부조로 조각되어 있으며, 이것은 동남아 고전시대의 많은 종교적 건축물에 나타나는 특징이기도 하다.

바꽁 사원에서 확실히 눈에 띄는 또 다른 중요한 특징은 산의 형상을 나타내도록 설계된 사원인 '산사원(temple-mountain)'이다[72]. 여기에서는 다섯 개의 계단식 테라스로 구성된 피라미드 형태를 띠고, 맨 위층의 테라스에 왕국의 신성한 권력을 상징하는 링가를 모신 중앙탑이 자리한다. 전체 사원은 해자와 벽으로 사면을

[71] 쁘리아꼬 사원과 같은 힌두교 건축물처럼 3기 배열 가람배치는 불교 구조물에서도 나타난다. 10세기경에 조성된 밧춤(Bat Chum) 사원은 붓다, 관음보살, 반야바라밀다보살에게 봉헌된 것이다.

둘러싸고, 세속적인 세계인 외부와 성스러운 공간인 내부는 진입로(causeway)로 연결되어 있다. 동쪽과 서쪽의 해자를 건너는 진입로 위의 난간들은 앙코르왓과 다른 크메르 사원에서 흔히 등장하는 7개의 머리를 가진 나가(naga)의 몸체로 만들어졌다. 동서의 축 위에 세워진 건물들의 엄격한 가람배치는 기하학적, 점성학적 규칙을 고수하여 균형과 질서의 느낌을 주는 크메르의 건축 기법을 보여준다. 이런 식으로 테라스 위에 중앙탑을 세우고 각 모서리에 4개의 작은 탑을 배치하며 동심형의 외벽으로 사원 전체를 감싸는 건축 패턴은 크메르 건축물 양식의 지배적인 모델이 되었다. 또 하나의 바꽁 사원의 특징은 4기의 고뿌라(gopura)인데, 이것들은 주요 네 방위를 마주하는 출입문으로, 사암을 사용한 중앙탑이 서 있는 최고층의 테라스를 향해 나 있으며, 석조 수호신 형

[72] 앙코르에 있는 시바에게 헌정된 바꽁 사원. 881년에 건립되었으나, 현재 남아 있는 대부분의 구조물은 상당한 시기 이후에 축조된 것으로 보여 정확한 연대를 추정하기 어렵다. 중앙탑은 12세기 이후에 지어진 것이다.

상들이 이를 지키고 있다.

하지만 캄보디아에서 찾아 볼 수 있는 산사원 개념의 건축물은 훨씬 이후인 12세기에 인드라와르만의 왕도에서 멀리 떨어지지 않은 곳에 수르야와르만(Suryavarman) 2세가 건축한 앙코르왓(Angkor Wat)이다[73]. 수르야와르만의 이름은 태양 신인 수르야(Surya)와 연계된 것으로 사원 자체가 힌두교 주제를 표현한다. 중앙탑은 우주의 축인 메루산의 정상을 상징하며, 4개의 보조 탑들은 4개의 주변 봉우리를 표현한다. 사원을 둘러싸고 있는 벽은 신들의 세계 끝자락에 있는 산들을 상징하며 그 너머의 해자는 바다를 상징한다.

표현된 상징은 더 남아 있다. 자야와르만(Jayavarman) 7세의 치세 기간 중에 완성된 크메르인의 도시 앙코르톰(Angkor Thom)은 신들의 도시와 동

[73] 북서쪽에서 조망한 앙코르왓. 5기의 주탑과 외부의 회랑이 보인다.

일시되었으며, 그 도시를 점령하기 위해 천신들과 싸웠던 악신 아수라는 참족으로 표현되었다. 앙코르톰을 정복하려는 참족의 시도는 아수라의 시도와 마찬가지로 실패할 운명이었다. 이러한 관념들은 앙코르 기념물들의 많은 벽들을 장식한 돌에 새겨진 장엄한 부조에 나타나 있다. 그리고 이러한 부조의 목적은 단순히 장식만을 위한 것은 아니었다. 앙코르왓에 있는 얕은 부조는 신과 수르야와르만의 군대가 함께 적군인 참족을 맞아 싸우는 모습과 그들을 패배시킨 후 승리의 행군을 하는 모습을 묘사하고 있으며, 더불어 부적처럼 주술적 힘을 보호벽에 부여하고 있다. 이 생기 넘치는 장면[76]들은 12세기 앙코르의 가장 위대한 업적 중에 속한다.

[74] 12세기 자야와르만 7세의 첫 번째 앙코르 왕도인 쁘리아칸(Preah Khan)의 진입로.

중요한 보호력을 가진 것으로 생각되는 또 다른 크메르 건축의 요소는 상인방이었으며, 이것은 크메르 장인들의 예술적 기술이 가장 높은 경지에 도달했던 조각이었다. 상인방과 박공벽은 모두 주술적 힘을 가지고 있었으며 신들과 성스러운 짐승, 그리고 악마들을 묘사했다. 크메르 예술에서 가장 뛰어난 상인방은 인드라와르만의 치세 시기인 9세기에 제작된 것들임에 틀림없다. 그곳에서는 장인정신과 그 구성의 질적인 우수성을 볼 수 있으며, 현란하면서도 균형 잡힌 다채로운 형상과 소용돌이 모양의 잎들로 장식된 우아하게 굽은 나가가 중앙 신을 양측에서 지키는 모습을 표현했다. 동메본(East Mebon) 사원에 있는 앙코르 후기의 조각들은 중심 형상 양쪽에 나뭇잎들의 소용돌이를 넉넉하게 넣어 초기 상인방들의 세련된 우아함을 더하고 있다.

앙코르에서의 예술적 성취는 건축과 조각이라는 양쪽 측면에서 모두 놀라운 것이다. 가장 정교한 조각들로는 앙코르톰에서 약 20킬로미터 정도 떨어진 곳에 10세기 말경에 건축된 반띠스라이(Banteay Srei)[75] 사원의 정교한 조각들을 들 수 있다. 천상의 존재들의 다양한 모습을 정교하게 표현한 조각들, 특히 그들의 고요한 얼굴표정에서 크메르 예술의 걸작품임을 확인할 수 있다. 이에 필적할 만한 것으로는 도서관(경전보관소) 외관에 나타나는 박공벽의 장식 패널에 새겨진 인도신화 내용의 조각들이며, 그 형상들과 주변의 우아한 처리는 타의 추종을 불허한다. 이러한 부조에 나타난 주제들은 대륙부 동남아 국가들과 도서부 국가들의 미술작품에 많은 소재를 제공한 라마야나와 같은 대서사시에서 파생되었다.

[75] 가루다의 이미지 위에 두 마리의 코끼리가 여신 락시미(Lakshmi, Sri)를 양측에서 보호하는 모습. 캄보디아 반띠스라이 사원의 2차 외벽의 동쪽 고뿌라(출입문)의 내부 박공벽에 새겨진 부조.

[76] 마하바라따에 나오는 빤다와(Pandava) 가문과 꼬라와(Kaurawa) 가문 사이에 있었던 꾸루끄쉐뜨라(Kurukshetra) 전투장면을 묘사한 부조. 앙코르왓 서쪽 회랑의 남쪽 벽면.

대륙부와 마찬가지로 도서부도 기원후 초기부터 인도와 무역으로 연결되어 있었던 것 같다. 힌두교가 전파되었다는 첫 번째 증거는 4세기경으로 추정되는 시기에 보르네오의 꾸따이(Kutai)에 세워진 7개의 의례용 기둥이다. 하지만 도서부에서 힌두교 유적의 대부분이 발견되는 곳은 자바 섬이다. 첫 번째 중요한 힌두교 기념비는 7세기로 거슬러 올라가는 디엥(Dieng) 고원에 세워진 시바에게 헌정된 건축물이다. 한 칸의 사원 구조와 일부 인도 사원들 간에는 피상적인 유사성이 발견됨에도 불구하고, 이 스타일은 어떤 하나의 원형을 따르지 않고 있으며 장식적인 꾸밈들은 독창적인 것임에 틀림없다. 정면에는 주신상이 자리하는 중앙의 신전으로 연결되는 확연하게 눈에 띄는 출입문이 있으며 다른 쪽에는 기타 신상들을 안치한 가짜(폐쇄된) 문이 있다. 자바에서는 거의 볼 수 없는 것으로 디엥 지역에는 주신의 승용동물인 황소와 거위 그리고 가

[77] 9세기에 인도네시아 중부 자바 쁘람바난에 건립된 시바 사원. 롤로종그랑. 좌우에는 작은 브라흐마 사원과 비시누 사원이 배치되어 있다.

루다가 머리는 그대로 두고 몸은 인간으로 표현되었으며, 신은 그들의 어깨에 앉아 있는 모습이 표현되었다.

자바에서 가장 유명한 힌두 사원은 9세기까지 거슬러 올라가는 비문이 출토된 족자까르따 근처의 쁘람바난에 있는 롤로종그랑 사원(Candi Loro Jonggrang)이다[77]. 여기에도 3기의 주 사원이 동쪽을 바라보며 일렬로 서 있다. 주 사원은 세 사원들 중 중심에 있는 것으로 시바에게 헌정된 사원이며, 다른 두 개는 각각 브라흐마와 비시누에게 헌정된 사원이다. 세 사원 각각의 맞은편에는 원래 각 신의 승용동물을 위한 성소가 있었는데, 중앙의 성소에만 황소 난디의 상이 남아있다. 북쪽과 남쪽 출입문 가까운 곳에 있는 2개의 좀 더 작은 건축물과 8개의 매우 작은 짠디가 역시 외벽 안에 세워져 있다. 이 외벽은 중심부를 외부 공간과 분리하고 있으며, 그 외부 공간에는 한때 사면의 외벽과 평행을 이루면서 네 행렬로 배열된 224개의 작은 사원이 있었다. 사원의 외부 공간밖에는 그 당시 건물이 있었던 흔적이 있다. 이 건물들은 아마도 썩기 쉬운 재질로 만들어졌을 것으로 보이며, 사원과 신자들의 관리용도로 사용되었을 것으로 추측된다.

쁘람바난의 모든 구조물 중에서 최근 복원된 시바 사원이 가장 높고 하늘을 향해 치솟아 있으며 늘씬하고 우아한 자태를 뽐내고 있다. 계단형 지붕의 각 층간의 경사면은 작은 모형탑들로 채워져 있어 구조물의 기초와 몸체 그리고 지붕이 거의 하나로 보인다. 다른 두 개의 사원과 마찬가지로 시바 사원은 높게 조성된 테라스에 건축되었으며 그 위로는 사원의 몸체 바탕 부근에 갤러리를 형성하는 바깥으로 난 난간이 있다. 사원의 아래쪽 몸체는 24

[78] 시바 사원 테라스 위의 난간의 상단에 있는 천상의 인물상. 중부 자바 쁘람바난의 롤로종그랑 사원. 높이 600mm.

[79] 롤로종그랑 사원 내부의 벽면에 조성된 라마야나 이야기. 위는 원숭이 왕인 수그리와(Sugriva)와 발린(Valin)이 싸우는 모습을 라마가 왼쪽에서 바라보고 있는 장면. 아래는 라마가 식인 악마 딸라까(Talaka)에게 활을 쏘는 모습을 사실적 특성으로 묘사된 한 부하가 지켜보는 장면. 크기 각각 700×1950mm, 770×2000mm.

개의 패널로 되어 있으며 이들 중 몇몇은 시중들이 양 옆에서 보좌하는 중요 방위의 수호신인 로까빨라(lokapala) 좌상이 묘사되어 있다. 난간 벽의 안쪽 면에는 그 지방에서 전승되는 라마야나 이야기의 주요 장면이 있으며, 이것은 브라흐마 사원에서도 계속된다. 난간의 바깥쪽 벽에는 62그룹의 무희들과 악사들이 자리하여 춤사위가 전달하는 우아함과 환희를 보여주며, 그 측면에는 다른 천상의 존재들[78]이 간헐적으로 나타난다.

난간의 안쪽 벽에 새겨진 라마야나에 나오는 장면들은 주요 인물들의 형상이 역동적인 모습으로 묘사되어 생생하게 전해진다. 하인들과 다른 군소 인물들 역시 주위의 풍경과 숲에 묘사된 새와 동물들처럼 그들이 목격한 것에 반응한다. 조각은 일상생활의 장면을 에너지뿐 아니라 유머를 가지고 묘사하고 있으며[79], 힌두의 신들이 세상에

불어 넣은 충만한 힘의 감각을 담고 있다. 장면의 영감은 자바에서 온 것으로, 주로 그 지역의 동식물이나 특유의 건축물, 그리고 장면에 나오는 세계를 알려주는 일상용품들이 나타난다. 스타일 역시 인도 예술과는 달라서 보다 부드러운 형태를 취하고, 덜 풍만한 여체를 묘사한다. 관능적인 표현은 감지하기 어려우며, 신들의 성적인 능력을 표현하기 위해 샥띠(Shakti, 여신)와 성교를 나누는 에로

[80] 동부 자바에 위치한 17미터에 이르는 우아한 모습의 자위(Jawi) 사원. 이 사원은 13세기에 싱아사리의 마지막 국왕인 끄르따나가라의 서거를 기념하기 위해 건립되었다. 힌두교와 불교 모두에 대한 그의 후원은 이 사원의 형태에도 반영되었다.

틱한 장면은 보이지 않는다.

중부 자바의 조각상은 풍만하고 둥근 형태로 특징지어진다. 몸체는 풍만하고 견고하며 단단하다. 그리고 약간 기울어져 한쪽 면으로 무게 중심이 옮겨진 모습이 종종 표현되었다. 자바 사원 조각상들의 형태는 두 그룹 중 하나에 속하는 경향이 있다. 첫 번째 그룹은 힌두교의 삼신(Trimurti, 브라흐마, 비시누, 시바)이 이에 해당한다. 두 번째 그룹은 시바 사원과 연관된 것으로 두르가(Durga)와 가네샤(Ganesha)[81], 그리고 종종 시바의 방 입구를 호위하는 마하깔라(Mahakala), 난디시와라(Nandisvara) 및 성인인 아가스뜨야(Agastya)가 이에 해당한다. 시바 자신은 종종 링가로 표현되기도 하지만, 신체적인 형태로 나타날 때에는 다른 신들과 마찬가지로 인도 예술에서 파생된 속성을 지닌다. 그럼에도 불구하고 중부 자바 시기의 조각들은 자체의 독특한 특징을 보여주는 특성들을 포함한다. 예를 들어, 가네샤 상은 발바닥을 함께 모으고 앉아 있는 모습을 보여주는 경향이 있는데, 이것은 인도조각의 일반적인 형태가 아니다. 가네샤와 아가스뜨야는 둘 다 중부 자바에서 매우 자주 나타나는데, 특히 후자는 인도나 동남아의 다른 곳에서보다 훨씬 더 자주 나타난다.

10세기 초 자바 권력의 중심은 중부 자바에서 동부 자바로 넘어갔다. 이후에는 오랫동안 종교적 기념물의 건축과 석재 조각들이 만들어지지 않았다. 단지 일부의 조각이 남아 있는데 대부분은 왕가의 묘지 사원에 있는 것들이다. 이러한 짠디들은 중부 자바의 작품들보다 더 가늘고 덜 균형적이다. 동부 자바 사원의 주요 탑들은 사원 중심

에 자리하고 벽으로 주위를 둘러싼 형태 대신 사원 뒤쪽에 자리하고 있으며, 그 사이에 정원이 조성되어 있다[80]. 1292년에 사망한 끄르따나가라(Kretanagara) 왕을 추모하기 위해 만들어진 자위 사원(Candi Jawi)은 시바와 붓다에게 헌정된 것으로서 정상에 불탑을 가진 힌두사원이다. 힌두교와 불교의 요소를 한 기념물에 섞어 놓은 형태는 두 종교의 전통이 인도네시아에서 수년 동안 공존한 방식을 전형적으로 보여준다.

끄르따나가라는 당시 자바 종교의 또 다른 특징인 밀교(Tantrism)에 관여했다. 밀교에서는 신도들이 여러 가지 방식을 통해 초자연적 힘을 얻고자 했다. 밀교의 요소들은 힌두교와 불교 양쪽에서 종종 나타난다. 이는 손짓과 마술(주문의 사용을 포함) 및 샥띠의 숭배를 포함한다. 종교지도자들은 밀교 경전에 나와 있는 비밀스러운 사망 의식이나 성적인 행위를 가르쳤으며, 이러한 행위는 높은 단계의 의식세계로 이끈다고 했다. 밀교의 관습은 목에 뱀과 해골로 된 목걸이를 걸고 나타나는 시바(마하깔라(Mahakala)로 불리기도 함)의 화신 바이라와(Bhairava)를 묘사한 도상적 표현으로도 나타난다.

죽은 왕과 왕비가 신으로 묘사되는 동부 자바의 조각상들은 이전의 형태로부터 그리 명확한 차이를 보이지 않는다. 그러나 이 시기에는 초상화의 양식이 대두되었고 손의 위치도 고전적 인도 신상들의 형태에서 벗어나는 경우가 많았다. 싱아사리 시대 동안에는 바닥에서 자라나는 연꽃 줄기가 신상의 양쪽 면에서 나타나는 경우가 많다[83]. 전반적으로 동부 자바 조각상의 형태는 중부 자바의 조각상보다 좀 더 가늘고 균형감이 더했다. 보석류와 다

[81] 석조 가네샤상. 중부 자바. 9-10세기. 높이 800mm

른 장식들은 좀 더 눈에 띄는 형태가 되었다. 1293년 마자빠힛 지배가 시작된 이후 동부 자바 예술의 주요 관심은 조각의 제작에서 의식용 용품을 생산하는 것으로 옮겨졌다. 극도로 섬세한 보석과 금으로 제작된 왕보(regalia), 그리고 청동으로 제작된 의식용 장식품, 정교한 램프, 특히 종 등이 이에 속한다[82]. 이 금속공예들의 특징은 고도의 숙련된 장인들에 의해 제작된 세련된 우아함과 세부 묘사의 복잡성이다.

이 시기의 예술에 배어 있는 깃은 아르주나위와하(Arjuna Wiwaha), 라마야나, 스리딴중(Sri Tanjung) 설화 및 딴뜨리(Tantri) 설화와 같은 힌두교의 설화 전통에서 파생된 다양한 존재들의 표현이다. 이 설화의 줄거리는 사원을 장식하고 있는 부조들에 잘 나타나 있다. 건축과 마찬가지로 동부 자바 시대의 설화를 전하는 부조의 스타일도 중부 자바 시기와는 달랐다. 두 개의 서로 상반

[82] 랑까에서 라마의 부인인 시따를 구하기 위해 길을 만드는 원숭이 전사들이 게를 보고 깜짝 놀라는 라마야나의 한 장면을 묘사한 금세공 장식품. 동부 자바 끄디리(Kediri). 14-15세기.

[83] 이중 연화대좌 위에 서 있는 네 개의 팔을 지닌 시바. 서거한 싱아사리의 아눗빠띠(Anushpati) 왕을 시바로 묘사한 작품으로 여겨지며, 끼달(Kidal) 사원에서 출토된 것으로 추정된다. 동부 자바. 13세기. 높이 1230mm.

된 스타일이 이 시기 동안 발전된 것으로 파악된다. 하나는 자연적인 풍경과 함께 낭만적 분위기이며, 인간의 형상은 부드럽고 온화한 형태로 묘사되었다. 다른 하나는 일반적으로 '와양(wayang) 스타일'[84]로 불리는 형태로, 그림자 연극에서처럼 마술적이고 초자연적으로 묘사된 보다 정형화된 풍경을 배경으로 인간과 초자연적인 존재 모두 이차원적인 형태로 나타난다. 일부 부조는 두 스타일을 조합한 형태를 보이기도 한다.

16세기 초에 마자파힛 인두 왕국은 이슬람 국가인 드막 (Demak)의 압박을 받아 자바를 포기했다. 왕족들과 많은 귀족들은 발리로 피난을 갔고 피난길에 예술가들을 포함하여 많은 예술적 유산을 가지고 갔다. 그 이전부터 있었던 발리의 사원들은 종종 신들이 거주하는 곳으로 생각되

[84] 마하바라따의 주제를 표현한 와양 스타일의 부조. 자고(Jago) 사원. 동부 자바. 13세기.

는 바위에 지어졌고, 이는 아마도 지진으로부터 보호하기 위한 목적도 있었을 것이다. 이러한 숭배의 장소 대부분은 신상을 모실 내부의 공간이 없었다. 하나의 예외가 코끼리 동굴이라는 이름의 고아가자(Goa Gajah)였는데, 이 사원의 설립연대는 11세기말로 거슬러 올라가는 것으로 추정된다[85]. 그 옆 목욕탕에 있는 여성상은 물을 뿜어내는 역할을 하는 것으로 동부 자바의 블라한(Belahan)에 있는 조각들을 생각나게 한다. 소용돌이 모티프와 동굴 앞쪽에 있는 바위의 이미지들은 그 시기의 자바 건축에서 나온 디자인과 비슷하다.

발리에서 힌두 전통이 유지된 것은 사원과 이와 연관된 조각상들의 건축과 보수가 지속되었음을 의미한다. 많은 도상들이 이전 세기에 만들어진 모델의 뒤를 따랐다. 따

[85] 11세기경에 지어졌을 것으로 추정되는 발리의 석굴 사원, 고아가자. 바위에 새겨진 입을 크게 벌린 악마는 파괴의 신 시바의 화신으로서 시간을 주관하는 깔라(Kala)로 추정된다.

[86] 지옥의 악마들과 마주
친 비마(Bhima). 정의의 전
당 천정에 아홉 단의 패널로
조성된 그림 중 비마 스와르
가(Bhima Swarga) 이야기
는 다섯 단을 차지한다. 발
리 끌룽꿍 끄르따고사의 벽
화.

[87] 동부 자바 사원의 부조
와 발리의 와양 꿀릿에 등
장하는 의인화된 모습을 담
은 이중의 이깟(ikat) 직물,
깜븐 그링싱 와양(kamben
geringsing wayang). 20세
기 초, 490×2010mm.

라서 동부 자바 뜨로울란(Trowulan)에 있는 사원의 쪼개
진 출입문 구조는 발리에서 흔히 볼 수 있는데, 특히 섬
의 남쪽 부분에서 두드러지게 나타난다. 동부 자바 시기
의 부조에 묘사된 다른 구조물들도 발리에 나타나는데,
이것은 발리의 예술이 완전히 새로운 시작이 아니라 동
부 자바 예술의 연속이라는 것을 암시한다. 예를 들어, 동

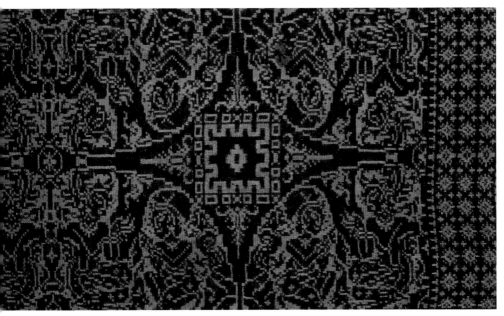

부 자바에서처럼 발리 사원의 입구를 장식하고 있는 깔라(kala)의 머리는 불거져 나온 눈과 짙은 눈썹, 튀어나온 송곳니로 특히 무시무시한 모습을 취하고 있다. 그럼에도 불구하고, 발리는 자바문화에 완전히 종속되지 않았고, 자신의 생기와 독특함을 유지하였으며 이것이 21세기에도 지속되고 있다.

자바에서 그렇게 확연하게 드러났던 이야기의 전통은 발리 예술에도 스며들었다[86]. 왕권사상에 대한 탐구나 세속적 염려에서의 해방과 더불어 도덕성과 영성에 관한 교훈을 포함하는 유사한 이야기들이 다수 존재한다. 발리의 전설은 또한 예술작품들을 위한 소재를 제공하고, 그 등장인물들은 폭넓은 매체, 즉 사원에 걸어두는 천과 자수품 및 다른 옷감[87]에서부터 그림자 인형, 석재 부조나 유리에 표현된 그림 등에 나타난다. 하지만 동남아 예술에서 가장 강력한 통합적인 힘을 보여주는 것은 힌두교 서사시의 인물과 줄거리이다. 그 이야기들은 전 지역에 전승되었으며 부분적으로는 왕실간의 상호교류를 통해 전파되었다. 외국의 사절들을 위한 공연들은 일종의 관념의 교환 수단이 되었으나, 예술품의 교환과 예술가 자신들의 이주로 인해 상당한 영향을 받은 것으로 보인다.

도서부 동남아에서 마하바라따(Mahabharata)는 가장 보편적인 인도의 대서사시로, 왕실과 마을 의례와 연관되어 공연되는 대부분의 와양 꿀릿(wayang kulit)의 기본 줄거리를 제공한다. 이 이야기는 5명의 빤다와(Pandawa) 가문과 꼬라와(Kaurawa) 가문 간의 이야기로, 하스띠나(Hastina) 왕국을 놓고 분쟁하는 내용을 다룬다. 빤다와 가문 중에서 특히 엄청난 크기의 신체와

긴 엄지손톱으로 알 수 있는 강력한 비마(Bima)와 고귀한 아르주나(Arjuna)[89]가 주요 인물들이다. 빤다와의 자문역인 끄리시나(Krishna)는 비시누의 화신으로 정의를 복원하기 위해 그의 사촌과 싸우도록 아르주나를 격려한다. 이 전쟁은 단순히 선과 악의 싸움이 아니다. 양쪽의 인물들 모두 장점과 단점을 가지고 있으며, 의무와 규율 그리고 명예에 대한 교훈을 제공함으로써 청중들로 하여금 논쟁의 여지를 남긴다. 발리와 자바 양쪽에서 모두 그 지역의 인물들이 도입되었다. 이들은 어떤 방법으로든 드라마와 청중간의 매개체로서의 역할을 담당한다. 마하바라따에 나오는 인물들은 마자빠힛 시기의 조각상에도 나타난다. 비마의 빼어난 조각들 및 현지

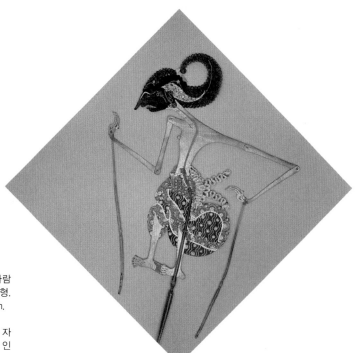

[88] 가죽에 새긴 프라람 (Phra Ram) 그림자 인형. 태국. 크기 1305×887mm.

[89] 아르주나를 표현한 자바 와양 꿀릿의 그림자 인형. 높이 475mm.

요소와 인도 전설을 결합시킨 자바 시(詩)인 가루드야(Garudeya)에 등장하는 인물들은 15세기 초반에 비마에게 헌정된 중부 자바의 수꾸 사원(Candi Sukuh)에서 발견되었다.

대륙부에서 예술적 표현에 가장 오랜 기간 동안 영향을 미친 것은 라마야나(Ramayana)였다. 악마 라와나(Ravana)가 유괴한 시따(Sita)를 찾아 나서는 라마(Rama) 왕자의 여정은 그림자극뿐만 아니라 대부분의 무용 공연의 소재가 되었다[88]. 다른 주요 인물들로는 라마의 동생인 락시만(Laksman)과 랑카에 있는 라와나의 섬으로 가기 위해 그가 쌓은 진입로를 건너 원숭이 군대를 이끄는 흰 원숭이인 하누만(Hanuman)이 있다. 이 이야기는 방콕의 왕궁과 프놈펜의 실버파고다를 둘러 싼 벽화에도 묘사되어 있다[90]. 짜끄리 장군이 1782

[90] 하누만이 자신의 몸을 부풀려 프라람(Phra Ram) 사원을 자신의 입속에 넣는 장면. 라마야나를 주제로 한 방콕 에메랄드 사원 회랑 내부에 그려진 벽화. 19세기.

년에 라마 1세로 등극하여 짜끄리 왕조를 창건한 이래 태국의 왕들은 라마와 결부시켜 왔다. 그의 뒤를 이은 왕들은 붓다를 라마 왕자의 초기 환생으로 말하면서 이 연결고리를 계속 유지했다. 라마야나는 불교왕국인 태국에서는 라마 왕자를 붓다의 환생으로 여긴 '본생담' 이야기로 널리 전해져 있다.

이러한 인물들과 더불어 힌두교 예술의 다른 요소들도 현대 대륙부 동남아에 남아 있다. 힌두교 신들은 불교의 보호자로 간주되는 불교사원의 외부에도 나타난다. 힌두교와 불교 세계 양쪽에 공통적으로 나타나는 초자연적 존재에 대한 이미지들은 불경과 신자들이 헌물을 놓는 자개로 만든 접시를 넣어 두는 장식용 칠기 보관함에서도 발견된다. 동남아의 불교예술에 나타나는 특징들에 대해서는 다음 장에서 살펴보기로 한다.

제4장 붓다의 흔적

붓다의 가르침은 동남아 예술에 영향을 미쳤는데, 그 시기는 기원전 3세기로 여겨진다. 세계적인 대종교의 창시자이며 싯다르타 고따마(Siddhartha Gautama)로도 불리는 석가모니(Shakyamuni)는 기원전 6세기경 네팔 떼라이(Terai) 산지에서 한 지역 통치자의 왕자로 태어났다. 붓다는 정신적, 종교적 탐구를 위해 자신의 부와 권력을 버렸으며, 그의 일생과 전생의 삶에 관한 이야기는 그의 가르침을 따르는 사람들의 예술작품에 많은 영감을 주었다. '깨달음을 얻은 자'인 붓다는 힌두교 교리의 많은 부분을 수용하였고, 대다수의 힌두교 도상도 불교 속에서 유지되었다. 그러나 붓다의 가르침의 핵심은 번뇌에서 벗어나려는 방법을 찾는 것이었고, 붓다의 설법은 신들의 중재를 바라는 것이 아니라 개개인이 자신의 행동에 책임질 수 있게 인도하는데 있었다.

불교가 동남아에 전래되었을 즈음 종파간의 서로 다른 의견들로 인해 불법의 분열을 초래했다. 초기 불교에서는 깨달음을 얻기 위해 개개인의 노력이 필요하며, 그럼으로써 윤회의 굴레에서 벗어날 수 있다고 강조했다. 붓다가 열반에 든 이래 백 년 동안 발전해 온 대승불교에서는 이를 비현실적인 것으로 여겼으며, 이 땅의 중생을 구제하기 위해 자신의 열반을 보류한 보살의 존재를 보다 강조하였다. 그러한 보살은 많은 이들에게 불교교리의 주요

[91] 동남아에서 가장 공통적으로 묘사되는 촉지인(bhumisparsa mudra, 觸地印) 자세의 불상. 인도네시아 중부 자바의 보로부두르. 9세기.

한 핵심이 되었다. 또한 대승불교에서는 위대한 5대 붓다에 관한 신앙을 포함하고 있는데, 네 방위를 관장하는 사방불과 중앙에 위치하는 비로자나불(Vairocana)이다. 이들은 각각 하위의 신 및 보살과 연계되어 있다. 그 중에서 가장 중요한 것이 서쪽을 관장하는 아미타불(Amitabha)과 관계가 있는 관음보살(Avalokiteshvara)이다. 오랜 전통의 상좌부불교 미술에서는 역사적 인물인 석가모니 붓다의 이미지와 교훈적인 내용들을 담고 있는 그의 생애와 전생에 관한 장면들을 묘사하고 있는 반면, 대승불교 미술에서는 구제를 원하는 신자들을 구원하는 크고 다양한 모습의 붓다와 보살의 이미지를 포함하고 있다. 동남아에서는 양대 전통의 사상이 종교적 행위의 도구와 함께 기념물, 필사본, 종교적 조각, 봉헌판(votive tablets) 등으로 구현되었다.

일반적으로 동남아에 불교를 전파한 사람은 인도 중부지역의 통치자였던 아쇼까왕으로 알려져 있다. 아쇼까왕의 후원으로 기원전 250년에 인도의 빠뜨나(Patna)에서 제3차 결집(Buddhist Council, 붓다의 입멸이후 기원전 400년경 붓다의 제자들이 모여 그의 가르침을 결집(結集)하여 경전을 만든 것에서 유래된 것으로 일종의 불경 편찬회의-역주)이 개최되었고, 그 후 9개의 포교사절단을 다른 나라로 파견하였다. 그 중 한 곳이 미얀마였을 것으로 널리 알려진 '황금의 땅(The Land of Gold)'이었다. 불교는 아마도 이러한 포교승과 이후 수세기 동안 동남아를 여행한 유학승들에 의해 전래되었을 것이다. 그들 중 일부는 인도에서 실크로드를 통해 북중국으로 여행했을 것이며, 다른 이들은 바닷길을 이용해서 말라까 해협을 거

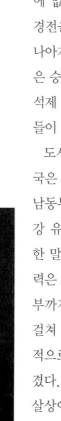

쳐 지금의 베트남과 중국 남부 지역으로 여행했을 것이다. 많은 승려들은 여행의 흔적을 남겼는데, 이는 여정 가운데 계절풍의 영향으로 몇 개월간 한 곳에 머무를 수밖에 없었던 상황을 보여준다. 따라서 승려들은 그곳에서 경전을 번역하거나 혹은 경전의 내용을 강연하거나, 더 나아가 그곳에 영구히 정착한 경우도 있었을 것이다. 많은 승려들은 성물을 안치한 사원인 스뚜빠 혹은 금속제나 석제 불상의 모형을 전래하였고, 불교를 받아들인 현지인들이 그것을 복제하였다.

도서부 동남아에서 불교를 받아들인 최초의 위대한 왕국은 스리위자야였으며, 이 왕국의 근거지는 수마뜨라 남동부에 있는 무시(Musi) 강과 바땅하리(Batanghari) 강 유역의 중심부에 자리 잡고 있었다. 이 왕국은 이웃한 말라야와 매우 밀접한 관련을 가졌으나, 정치적 영향력은 자바의 일부 지역, 말레이 반도, 그리고 태국의 남부까지 미쳤다. 스리위자야 왕국은 8세기부터 13세기에 걸쳐 이 지역을 지배하였다. 비록 건축물의 흔적은 상대적으로 많이 발견되지 않았지만, 많은 수의 조각상을 남겼다. 그중에는 자비를 구현하는 다수의 청동제 관음보살상이 있다[92]. 원만하게 마무리된 이들 조각상들은 팔과 다리가 매우 가늘고 우아한 자세로 서 있다. 스리위자야 왕들 중 일부는 이주민들이 많이 거주하던 인도 북동부 날란다(Nalanda)의 대승불교 대학에 재정을 지원하기도 했다. 당연한 것이겠지만, 스리비자야 조각에는 옷 주름과 같은 인도의 영향을 발견할 수 있는 상당한 증거들이 있다.

자바에는 불교의 흔적이 매우 강하게 남아 있는데, 이

는 9세기 초에 스리위자야의 샤이렌드라 왕조에 의해 전파된 것이다. 이 시기부터 불교 유적은 당시 번성하던 시바 신앙의 전통과 함께 공존하였으며, 다수는 부(富)의 신이자 북쪽의 수호신으로 여겨지는 꾸베라(Kubera)와 같은 힌두신의 이미지를 담고 있다. 이 시기 예술가와 장인들은 더 이상 인도의 작품을 모방하는 것이 아니라 진정한 자바양식의 작품을 발전시켰다. 이러한 경향은 자바에서 두드러지며, 의심할 여지없이 가장 중요한 불교건축물인 보로부두르에서 절정에 이른다[93]. 힌두교 건축물이 그러했듯이 자바의 불교유적 역시 우주의 구조를 반영하고 있다. 자연적인 언덕 정상에 건립된 보로부두르는 마치 돌산처럼 보이는데, 단을 올라 정상에 도착하면 종모양의 스뚜빠가 조성되어 있다. 스뚜빠란 원래 붓다의 사리나 유골을 묻은 무덤을 의미했지만, 나중에는 종교적 인물의 유골 위에 짓는 기념물을 의미하는 것으로 되었다. 보로부두르가 그러한 기능을 위한 것이었는지는 아직 분명하지 않다. 보로부두르는 공물을 바치고 경배하는 대상인 신의 이미지를 담고 있지 않기 때문에 사원이라 볼 수 없다. 그러나 보로부두르는 붓다와 그의 설법을 표현하고 있으며 순행(circumambulation, 불교 및 힌두교에서의 시계방향으로 돌면서 순례하는 의식-역주)의 체험을 의도화한 것임에 틀림없다. 신성한 건물을 향해 내부와 마주한 자신의 오른쪽 방향으로 기단과 여덟 개의 테라스를 따라 걸으면서, 신도들은 불교적 관념에서 깨달음에 이르는 여정을 나타내는 일련의 부조들을 따라간다. 더 높이 올라갈수록 신도들은 모든 욕망의 세계를 묘사한 장면들로

[93] 공중에서 바라본 보로
부두르. 중부 자바. 9세기.

부터 더 멀어지고, 붓다의 생애가 묘사된 유형의 세계에서 무형의 천상세계로 나아가게 된다.

건축물의 하단에 위치한 다섯 개의 테라스는 지구를 의미하는 모양인 방형으로 지어졌고, 상단의 세 개의 테라스는 하늘과 천국을 상징하는 원형으로 구성되어 있다. 건축물 기단의 벽에는 사람들의 생활상이 새겨져 있는데, 선행 및 악행에 대한 보상과 처벌에 관한 주제가 묘사되어 있다. 이 장면들은 건축물의 최하층을 둘러싸고 있는 석재로 인하여 볼 수 없게 되어 있는데, 이렇게 조성된 이유는 아직 밝혀지지 않고 있다. 하단부의 테라스에는 통로를 둘러싸고 난간이 형성되어 있고, 그 통로에는 불상을 안치한 감실이 조성되어 있다. 방문자는 자신의 좌우에 펼쳐진 부조를 볼 수 있는데, 난간에는 붓다의 본생담을 주제로 한 부조들이 새겨져 있다. 첫 번째 테라스의 내

부 벽면에는 역사적 인물인 붓다[94]의 생애에 관한 부조
가 전개되며, 점차 위로 올라갈수록 깨달음을 찾고자 하
는 수다나(Sudhana, 선재동자-역주) 보살의 모험으로
구성된 에피소드가 전개된다. 이들 불전부조의 가장 마지
막 단계인 최상층 테라스에는 다른 존상들과 함께 깨달음
의 경지에 도달한 붓다의 이미지를 볼 수 있다. 가장 위쪽
에 있는 세 개의 원형 테라스에는 설법하는 모습을 한 72
개의 불상이 각각 종 모양의 스뚜빠 내부에 안치되어 있
고, 스뚜빠에는 격자무늬가 투각이 되어 있다. 최상층 테
라스의 중앙에 위치한 것이 중심 스뚜빠이며 내부는 비어
있다. 이 스투파에는 붓다의 이미지와 유물을 안치했을
수도 있고, 혹은 비워진 상태로 계속 있었을 수도 있다.

보로부두르의 불상은 명확하게 인도의 영향이라고 볼
수 있지만, 차이점도 존재한다. 여기서는 붓다의 이미지

[94] 물질세계와의 단절의
의미로 머리카락을 자르는
싯다르타 왕자의 모습을 묘
사한 보로부두르 사원의 1층
테라스 내벽의 상단 부조. 9
세기.

가 평정한 상태와 신성한 아름다움을 의미하는 부드럽
고 온화하고 섬세한 윤곽을 통해 더욱 자연스러운 양식
으로 조각되어 있다[91]. 부조의 조각들은 이러한 우아함
을 반영하고 있고, 인물상들의 표현은 인도조각보다 한
층 더 절제되어 있다. 천상의 존재와 붓다의 생애에 관
한 장면들에 대한 강조점은 움직임의 부드럽고 조화로운
감각과 함께 균형과 대칭에 두었다. 신들이 자연세계에
불어넣는 힘을 곳곳에서 느낄 수 있는 롤로종그랑(Loro
Jonggrang, 쁘람바난 사원군의 조각-역주)의 힌두교 부
조가 지니는 드라마, 활력, 에너지 등은 찾아볼 수 없다.
그러나 보로부두르의 하단 테라스의 좁은 갤러리에 조성
되어 있는 부조는 밀도가 매우 높고 충만하여, 열린 원형
테라스에 도달하는 지점에는 영혼이 해방되어 올라가는
것 같은 공간적 감각이 있다.

보로부두르의 위대함은 그 형태의 완전함에 있다. 이 거대한 기념물은 우주의 형태와 인간의 정신적 열망을 동시에 표현하고 있다. 이는 그 구조와 부조를 경험하는 여정 속에서 재현되어 있다. 하층부는 불경함과 연결되고 위로 올라갈수록 보다 단순하고 평온한 형태와 연결되는 것은 불교의 가르침이 인간으로 하여금 추구하게끔 하는 정진과정과 흡사하다. 즉 물질세계에서 벗어나 무형의 세계로, 그리고 자아의 소멸을 통해 최후의 구원과 궁극적 현실과의 통합을 향해 나아가는 것이다.

역시 중부 자바에 있는 대형 불교사원인 쁠라오산 사원(Candi Plaosan)과 세우 사원(Candi Sewu)은 보로부두르 사원과 동일한 9세기에 건립되었다. 플라오산 사원에는 비문과 조각을 통해 대승불교사상이 나타나 있음을 알 수 있다. 많은 수의 불상과 보살상[95]이 사원 안에 안치되어 있고, 비문에 의하면 그 조각들은 태양과 달의 광채를 상징적으로나 실제적으로 반사시키기 위한 의도로 조성되었다고 한다. 조상의 표면은 부드럽게 조각됨으로써 빛이 그 매끄럽고 차분한 색감을 드러내어 평온하고 질서 있는 느낌을 자아낸다. 중앙에 있는 두 개의 큰 건축물 중에서 하나는 왕의 후원으로, 다른 하나는 왕비의 후원으로 건축되었고, 그 외부 건물은 다른 귀족의 후원을 받아 세워졌다. 따라서 건축물은 왕국과 우주의 질서를 반영하는 건축구조로 건립되었음을 알 수 있다.

이후 300년 동안 자바의 왕들은 새로운 불교사원을 건립하지 않았다. 자바의 왕들은 시바신과 그의 권속들로 구성된 힌두신을 위한 새로운 건축물을 건립하였다. 13세기로 들어서자, 권력의 중심은 동부 자바로 옮겨졌고, 불

[95] 보현보살(Bodhisattva Samantabhadra)의 석상. 중부 자바의 쁠라오산 사원. 8–9세기.

교는 다시금 왕족의 비호를 받았다. 싱아사리(Singasari) 왕국의 마지막 지배자인 끄르따나가라(Kertanagara) 왕은 불교와 시바신을 모두 포용했던 것 같다. 이 당시 자바에서 두 종교가 모두 실행됨으로써 밀교(Tantrism)의 많은 요소들을 흡수했다. 밀교에서는 해탈과 낙원으로 손쉽게 갈 수 있다고 믿는 여러 의식들을 거행했다. 사용된 행동의 정확한 본질은 아직 비밀에 쌓여 있으나, 우주와 성(性)적 에너지간의 연결 그리고 성적인 환락과 영적인 환희 사이의 교신은 성적인 합일이 지상의 존재로부터 벗어나기 위한 탐구의 중요한 일부였다는 것을 보여준다. 몇몇 조각들은 해골에 대한 묘사를 포함하고 있는데, 이것

[96] 바이라와로 표현된 아디뜨야와르만의 조각상. 수마뜨라의 빠당 라와스(Padang Lawas) 출토. 14세기. 높이 4410mm.

은 아마도 인간을 제물로 희생하였던 것을 보여주는 것으로 해석된다. 14세기에 바이라와(Bhairava)로 묘사된 수마뜨라의 왕 아디뜨야와르만(Adityawarman)의 장엄한 조각상은 해골이 둘러서있는 시체를 밟고 서있고, 그 옷자락에는 해골 이미지가 반복적으로 나타난다[96]. 머리 장식에는 작은 보살상이 있는데, 이는 바이라와 신앙이 불교와 연관되어 있음을 시사한다. 자바에서 나온 유사한 바이라와 조각상들은 중부 자바(Central Javanese) 시기 이전의 정적인 조각상들과는 눈에 띄는 대조를 보여준다. 이 작품들에는 강인한 모습의 얼굴과 신체 특징에 강성한 권력의 힘이 반영되어 있다.

도서부 동남아에서는 싱아사리(Singasari) 왕조 이후에 건립된 불교유적을 거의 찾아볼 수 없다. 불교는 대륙부에서만 계속 명맥을 이어갔고, 오늘날까지 예술가들의 작품에 영감을 주고 있다. 이곳에는 불교가 도서부보다 더 일찍 전래되었고, 2세기의 중국 문헌에 따르면 지금의 미얀마에 있던 쀼족(Pyu)의 왕국까지 거슬러 올라간다. 쀼 문화에는 몇 개의 중심지가 있는데 가장 중요한 것이 삐에(Prome, Pyay) 근처의 스리끄쉐뜨라(Sri Kshetra)와, 스리끄쉐뜨라 및 만들레(Mandalay) 사이의 베잇따노(Beikthano), 그리고 북쪽의 할링(Halin)이다. 동남아에 있어서 진정한 의미의 아치는 초기 삐에의 건축물에서 처음 발견되었고, 버강에서도 아치가 조성되기는 했지만 그 밖의 지역에서는 찾아볼 수 없다. 다른 지역에서는 건축물 내부에 공간을 만들기 위해 아치 대신 내어쌓기 기법(corbelling)을 사용했다. 벽 외부와 스리끄쉐뜨라의 입구로 가는 길에는 원형 기단 위에 올려진 길게 눌린 술통 형

[97] 버강 출토의 삼존불 형식의 황토 봉헌판. 중앙의 붓다는 촉지인을 짓고 좌정하며, 양쪽에는 그의 제자 중 목건련(Moggallana)과 사리불(Sariputta)이 협시하고 있다. 미얀마. 11–12세기.

태의 거대한 3기의 스뚜빠가 있다. 수많은 벽돌로 구축된 사원들이 베잇따노 내부에 남아 있지만, 쀼족의 시기에 속하는 것은 이 3기의 거대한 스뚜빠 뿐이다.

특히 스리끄쉐뜨라에서 출토된 불상 등 쀼족의 조각에 속하는 많은 유물이 있다. 일부에 얕은 새김의 부조가 새겨져 있는 거대한 바위 및 군집을 이루고 있는 바위들은 불교 이전의 거석문화(megalithic) 전통이 여전히 지속되었다는 사실을 나타내는 것 같다. 비석 뿐 아니라 스뚜빠 봉헌판, 테라코타제 조각판, 석재와 청동 불상 및 청동 보살상이 있다. 이 조각들의 양식은 매우 다양하며, 남인도 및 4–5세기 굽타시기의 북인도와 그 이후의 동인도 대승불교 사상의 영향을 짐작케 한다. 스뚜빠 봉헌판은 때때로 사면으로 제작되었는데, 이것은 각 방위를 수호하는 붓다를 의미하는 대승불교의 전통에 따라 조성된 것이다. 후기의 몇몇 작품에는 인도네시아와 반도부 태국의 작품에서 나타나는 양식과 도상의 흔적이 나타나고 있어, 8세기경 쀼족은 국제적인 예술세계의 일원이었음을 보여준다.

앙코르(Angkor)에서는 비록 초기불교의 성격이 보이긴 하지만, 불교가 가장 큰 후원을 받았던 것은 자야와르만(Jayavarman) 7세(1181-1218년)의 지배기였다. 이 시기의 가장 대표적인 조각은 관음보살상이며, 지혜의 여신인 반야바라밀다(Prajnaparamita) 보살을 포함하여 여러 모습으로 구현되었다. 앙코르의 붓다의 시각적 표현은 평온과 자비의 느낌을 주며, 아마도 왕 자신을 나타내는 것으로 여러 가지로 구현할 방법을 모색했던 것으로 보인다. 앙코르톰(Angkor Thom)의 출입문과 자야와르만 7세 때 국가사원인 바욘(Bayon)의 탑에 새겨진 얼굴들은 다양한 방법으로 해석되어 왔다. 자야와르만 7세를 관음보살로 묘사한 것으로 보기도 하고, 때로는 네 방위의 수호신으로 해석되기도 한다[98]. 좀처럼 잊을 수 없는 이러한 얼굴의 특징은 부드럽게 곡선이 지어진 입술 위에 보이는 인자한 미소이다. 이 시기의 불상은 대개 세 번 똬리를 튼 무찔린다 나가(naga Mucilinda) 위에 좌정하고 나가의 우산 모양의 목으로 비호를 받는 모습으로 나타난다[99]. 12세기 후반의 또 다른 특이한 불상은 머리에 왕관을 쓰고 치장한 모습으로, 아마도 천상의 지배자, 즉 밀교(Tantric Buddhism)에 있어서 최고의 붓다인 아디붓다

(adi-Buddha, 법신보현)를 표현한 것으로 보인다[100]. 왕관은 전형적으로 섬광을 발하는 것 같은 중앙의 띠로 구성되며, 그 띠에는 원형 구슬과 같은 기하학적인 패턴이 여러 줄로 들어가 있고, 위쪽 가장자리에는 연꽃 봉오리로 장식되어 있다. 크고 길게 늘어진 귀걸이와 보석이 연이어 박힌 목걸이는 왕관의 양식을 모방한 듯하다. 코위에서 만나는 멋진 눈썹을 지닌 눈은 아래로 내려 본다. 입술은 크고 두툼하며, 얼굴은 머리칼이 난 선 위로 두른 띠에서 사각형 모양이다.

이러한 양식은 크메르 치하에서 중부 태국에 있는 롭푸

[98] 캄보디아 앙코르톰의 남쪽 출입문 위의 석재에 새겨진 얼굴 형상.

[99] 무찔린다 나가(naga Mucilinda)의 똬리 위에 올라가 나가의 우산 모양의 목으로 비호를 받으며 명상의 자세인 선정인(dhyana mudra, 禪定印)을 한 불상. 이것은 동쪽에서 바라본 바욘 사원의 중심 조각이며, 자야와르만 7세를 묘사한 것으로 여기는 사람도 있다. 캄보디아 앙코르.

리(Lopburi)와 같은 다른 지역으로도 퍼져 나갔지만, 태국에서 지배적인 신앙이 된 것은 대승불교가 아니라 상좌부불교였다. 뿌족의 불교 조각에서 상좌부불교의 영향을 짐작할 수 있지만, 이 시기에 최초로 불교를 전파한 사람들은 몬족(Mon)이었으며, 이들은 특히 지금의 태국 중부지방인 드와라와띠(Dvaravati)로 알려진 왕국에서 살던 사람들이었다. 드와라와띠라는 용어는 이 지역의 많은 몬 왕국의 예술에 사용되어 왔다. 드와라와띠 미술은 스리랑카(Sri Lanka), 인도의 굽타(Gupta) 시대, 스리위자야 후기의 영향을 받았다는 증거가 보이지만, 드와라와띠 예술가들은 그들 자신의 독특한 양식을 발전시켰다. 작품의 재료는 석회석뿐만 아니라 청동, 치장벽토(stucco), 테라코타를 사용했으며, 사용 가능한 석재로 작품을 제작하기가 쉽지 않아서인지 조각 양식에 영향을 미쳤다. 인물상은 견고하고 무거워 보이며, 입상의 경우 긴 옷의 주름은 조각의 나머지 부분을 지탱해야 할 필요에 따라 결정되었다. 이런 과정을 통해 드와라와띠 조각가들은 다양한 모양의 자세와 옷 주름 양식을 그들만의 조각기법에 포함

[101] 보리수 아래에서 명상에 잠긴 선정인(dhyana mudra) 자세의 드와라와띠 양식의 석조 불상. 태국의 동씨마하폿(Dong Si Mahaphot) 출토. 높이 1030mm.

시켰다[101]. 불상의 얼굴은 눈을 아래로 반쯤 내려 뜨고, 아치형의 눈썹이 완만한 곡선을 이루는 넓고 둥근 형태가 특징이다. (붓다를 묘사할 때 항상 그렇듯이) 머리카락의 곱슬 모양(나발)은 크고 평평하며 머리카락은 시계 반대 방향으로 말려 중심을 향한다. 불입상은 두 팔이 모두 같은 손짓(무드라)으로 대개 설법인을 취하고 있다.

드와라와띠는 11세기에 크메르의 통치를 받았고, 이후에는 따이족 왕국에 복속되었다. 그럼에도 불구하고 몬족이 신봉하던 상좌부불교가 채택되었고, 보다 강력한 국가들의 문화 속에 포함되었다. 미얀마에서도 역시 11세기가되어서는 상좌부불교가 지배적 종교가 되었으며, 이는 적어도 일부분은 몬족의 영향으로 생긴 결과였다. 이 시기에 스리랑카는 가장 순수한 형태의 불교 원형을 간직하고 있는 것으로 여겨져, 미얀마와 스리랑카 사이에 많은 승려들이 파견되는 등 두 불교 국가들 간에 친밀한 관계가

[102] 버강의 전경. 왼쪽으로 12세기 초에 건립된 아난다(Ananda) 사원의 세장한 탑이 올라온 모습이 보인다. 중앙에 보이는 것이 땃빈뉴(Thatbyinnyu) 사원이며, 12세기 후반 씨뚜(Sithu) 1세 재위 말기에 건축된 것으로 여겨진다.

형성되었다. 승려들을 스리랑카로 파견하는 것은 흔한 관습이 되었고, 그 결과로 최초로 빨리어 경전을 구축한 그곳 마하비라(Mahavira)파의 계율에 입각한 수계를 받을 수 있었다. 한편, 미얀마로 수행을 떠나는 스리랑카 승려들은 경전과 성물을 가지고 갔으며, 이후 동남아의 지배자들은 스리랑카의 모델을 기준으로 삼아 종교적 기념물을 건립했다.

미얀마의 지배자들이 자신의 권력을 정당화하고 견고히 하는 방식 중의 하나가 종교적 기념물을 봉헌하는 것이었

[103] 스웨지공(Shwezigon) 사원은 1084년에 집권한 짱싯따(Kyanzittha) 왕에 의해 완공되었다. 그 이후 공덕(merit)을 쌓기 원하는 다양한 후원자에 의해 개축과 보수가 이루어졌다. 미얀마의 버강.

다. 사원을 건축하고 불상을 안치하며 종교적인 건축물을 교훈적인 내용의 벽화를 장식하는 것은 공덕을 쌓는 일이었고, 이것은 봉헌자가 하늘에서 다시 태어나고자 하는 열망을 이룰 수 있도록 돕는 일이었다. 11세기 말에 짱싯따(Kyanzittha) 왕은 실존 붓다가 도를 깨우친 보드가야(Bodhgaya)에 있는 사원을 보수하고 그곳에 재정적 지원을 아끼지 않았다. 또한 버강에 스웨지공(Shwezigon) 사원을 완성하였다[103]. 스웨지공은 성물이 안치된 파고다이며, 스리랑카의 건축양식에서 영감을 얻은 형태로, 종 모양의 스뚜빠를 지지하는 삼층의 테라스 위에 조성된 팔각형의 '띠(band)'로 구성되어 있다. 맨 위층 테라스의 각 모서리에는 중심 스뚜빠의 축소판이 있고, 네 방위를 향한 각 테라스 중간에는 계단이 있다. 각 계단의 앞에 있는 감실에는 설법하는 자세인 설법인(vitarka mudra, 說法印)을 취한 입불상이 있다. 스웨지공 사원은 그 이후 조성된 스뚜빠의 모델이 되었다.

짱싯따 왕은 또한 명상의 장소인 아난다 사원(Ananda Phaya)을 후원했는데, 이 사원은 인도 모형이 아닌 이 지역의 초기 토착적인 건축 양식에서 비롯된 것이다[102]. 스웨지공 스뚜빠와 비교했을 때, 보다 날씬한 형태의 탑이 받치고 있는 첨탑을 가지고 있어 가볍고 고양된 인상을 주며, 하단부의 큰 몸체는 화려하게 장식된 아치 형태의 출입문과 스뚜빠의 몰딩으로 장식된 기단의 벽으로 감추고 있다. 수평축은 하단의 두 개의 테라스의 모서리에 있는 스뚜빠와 마치 사원에 왕관을 씌운 것 같은 상단 테라스에 있는 작은 첨탑으로 인해 높이 솟은 모습이다. 하단의 테라스에는 본생담에 나오는 장면들을 묘사한 유약

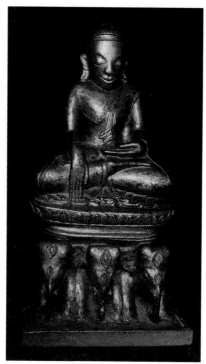

을 입힌 사각판(glazed plaques)으로 장식되어 있다.

미얀마는 상좌부불교의 전통을 다른 지역으로 전파하는 중심지가 되었고, 스리랑카의 전통에서 파생된 것들을 포함하는 예술 개념과 양식을 전파하는데 중요한 역할을 담당했다. 이러한 영향은 부분적으로 봉헌판[97]과 자유로운 양식의 조각[104, 105]을 포함하여 수많은 형태로 표현된 불상을 통해 전파되었다. 17세기에 미얀마의 왕도를 어와(Ava)로 옮긴 후 불상은 점점 대리석과 청동으로 제작되었는데, 이것이 타이족(Thai) 왕국인 아웃타야 (Ayutthaya)의 강력한 영향과 더불어 이 시기 이후부터 표면을 매끈하게 처리하는 양식의 기원이 되었는지도 모른다. 붓다의 두개골의 돌출부(usnisa) 위의 불꽃 모양의

[104] 촉지인 자세의 대리석 불상. 미얀마. 17세기 또는 그 이전. 높이 876.3mm

[105] 촉지인 자세의 금박을 입힌 목조 불상. 미얀마 불상은 특히 연대를 추정하기가 매우 어려운데, 이 불상은 18세기의 샨(Shan) 양식으로 추정된다. 605×330 ×235mm.

돌기는, 붓다의 최상의 지위와 잠부빠띠(Jambupati) 왕을 굴복시킨 것을 상징하는 왕관을 쓴 붓다와 마찬가지로, 이 시기의 불상의 공통적인 특징이다. 1767년 아웃타야의 정벌과 1857년 미얀마의 왕도를 만들레로 옮긴 후, 입상에서 흔히 위로 올린 두 손에서 밑으로 드리워진 옷의 주름에 특별히 집중하여 불상은 더욱 생생한 모습으로 표현되었다.

새로운 세력이 등장하기 시작한 13세기까지, 현재 태국의 각 지역은 미얀마, 크메르, 몬족에 의해 통치되었다. 남쪽으로 진출하던 따이어족(Tai)이 그 지역을 장악했다. 최초의 위대한 타이족(Thai) 왕국인 란나(Lan Na)는 13세기 말에 북부의 치앙마이에 세워졌다. 그 다음으로 수코타이, 아웃타야, 그리고 마침내 라따나꼬씬(Ratanakosin) 혹은 방콕 왕국이 지배하게 되었다. 이들과 여타 군소 타이 왕국들의 예술은 종교와 마찬가지

[106] 태국의 랏짜푸리(Ratchaburi) 뽓짜람(Potcharam)의 꼰카람(Konkharam) 사원에 있는 우보솟을 둘러싸고 있는 체디(chedi).

로 그들 이전에 존재했던 몬족의 예술에서 강한 영향을 받았다. 하지만 곧 새롭게 자리매김한 신앙과 함께 그들의 예술은 서서히 자신의 고유한 양식으로 발전해갔다. 왓(wat)으로 불리는 타이 사원의 주요한 구성요소들은 이 왕국들의 초기 도시 지역에서 발견된다. 여러 건축물들은 성벽 안에 배치되고, 그 중에서 가장 중요한 것은 새로운 승려들이 수계를 받는 장소인 우보솟(ubosot)이었다. 이 건물의 신성한 성격은 이 건물을 둘러싸고 있는 보통 연꽃 모양을 한 8개의 표지석, 즉 세마(sema)로 표현된다. 이 건물의 서쪽에는 그것과 유사한 스타일로 건축된 위한(viharn)이 있는데, 이곳은 본존불상을 안치한 중요한 회합이 열리는 회당이며, 평신도들도 이곳의 출입이 허락된다.

간혹 사원 경내에는 경전을 보관하기 위한 도서관이 있기도 하고, 종 모양의 탑이 자리하기도 한다. 대부분의 사원에는 성물을 보관하는 쁘랑(prang) 혹은 체디(chedi)가 있다[106]. 쁘랑은 거의 인도의 영향을 받은 크메르 양식으로 조성된 사원에서 흔히 나타난다. 이것은 닫힌 연꽃 봉오리가 암시하듯이 힘의 상징이며, 동시에 링가(lingam)를 연상케 한다. 쁘랑은 왕궁의 지붕 위에 솟아 있기도 하고, 층층으로 겹쳐진 대좌(plinth)에 놓이기도 한다. 쁘랑 자체는 하늘의 계층을 상징하는 7개의 층으로 구성된다[109]. 타이족의 체디 즉 스뚜빠는 일반적으로 뜨라이품(Traiphum, 불교에서 말하는 욕계, 색계, 무색계를 의미하는 삼계–역주) 즉 삼계를 상징하는 세 층의 단 위에 세워진다. 그 위에 해탈의 여정에 있는 다양한 존재들이 거주하는 불교 천상의 33천을 의미하는 33개의 판으로 만들어진 첨탑, 즉 몽꿋(mongkut)이 있다.

　오늘날 태국 지역을 지배했던 여러 왕국들 중에는 13세기 중반부터 14세기 말까지 북중부 태국에 기반을 두었던 수코타이(Sukhothai) 왕국이 있었고, 이 왕국의 예술은 그 이후 모든 시기에 있어서 타이 예술의 표준이 되었다. 후대는 수코타이 시기를 타이 예술의 황금기로 끊임없이 언급해 왔다. 수코타이에서 제작된 청동 불상의 양식은 그 이전 시대의 것과는 큰 차이를 보였고, 이후에도 이 양식의 불상에서 보이는 숭고한 미를 따라오지 못한다. 고대 경전에서 언급된 네 개의 자세, 즉 좌상, 입상, 와(臥)

[107] 촉지인 자세의 수코타이 양식의 청동 불상. 14세기.

상, 유행(遊行)상 등 모든 상이 수코타이 양식으로 재구
성되었다[107]. 붓다가 걸어가는 모습의 유행불의 묘사
는 다른 곳에서는 거의 찾아볼 수 없다[108]. 그러나 불상
의 모습을 본받고자 하는 승려의 목표는 혁신에 있지 않
았다. 그들은 산스크리트어 혹은 빨리어로 기록되어 있는
초기 경전에 나타난 기술에 가능한 한 가깝게 따르고자
했던 것이다. 경전의 기술은 대개 시의 형태로 묘사되었
고, 미래의 붓다가 어떻게 인식되는지에 대한 암시를 주
었다. 그러나 수코타이 조각가들은 위대한 인물인 붓다의
특징에 대해 설명한 32가지의 주요 특징과 80가지의 부

[108] 가르침을 의미하는 것
으로 손을 올려 엄지와 검지
로 원을 만드는 설법인 자세
로 걸어가는 모습의 청동 수
코타이 양식의 유행(遊行)
불상(walking Buddha). 14
세기. 높이 2200mm.

수적 특징들을 그대로 표현하고자 노력했다. 여기에는 붓다의 두 팔은 '코끼리의 코와 같다'고 하고, 그의 손가락은 이제 막 피어난 연꽃잎처럼 굽어져 있다고 한다. 조각가들은 청동박과 금박으로 마감함으로써 먼지가 달라붙지 않는 매끈한 피부를 묘사하고, 붓다가 깨달음을 성취했을 때 발했던 광선을 표현할 수 있었다.

수코타이 조각의 특수성과는 대조적으로, 건축술은 그 이전 시대의 크메르, 몬, 스리랑카의 기술에 의존했다. 타이의 건축은 또 다른 왕국이었던 아웃타야가 수코타이에 도전할 만큼 강력한 세력으로 성장한 14세기 중반이 되어서야 한층 독특한 양식으로 발전하게 된다. 시암(Siam)으로 알려진 아웃타야는 남쪽의 비옥한 짜오프라

[109] 랏차푸라나 사원(Wat Ratchaburana)의 중앙에 위치한 크메르 양식의 쁘랑. 아웃타야. 15세기.

[110] 한 청년이 보살의 얘기를 엿듣고 그대로 행하여 부자가 되었다는 본생담 제4편인 쭐라셋띠 본생담(Culla-setthi-jataka)의 한 장면. 미얀마 버강 소재 아난다옥짜웅(Ananda Ok Kyaung) 사원의 동쪽 벽에 그려진 벽화. 18세기 말.

야(Chao Phraya) 강 유역 주변에 자리했다. 첫 150년 동안의 통치기간 중에 아웃타야의 지배자들은 200기 이상의 사원을 지었다. 초기에 지은 사원 중의 대부분은 크메르 식으로 조성되었는데, 외벽을 만들어 중심에 쁘랑을 두고 그 둘레에 정원과 작은 쁘랑들이 배치되었다. 이 벽돌 사원은 나중에 치장벽토와 회반죽을 칠한 후 여러 층의 타일 지붕을 올렸다. 창문은 거의 없고, 겨우 좁은 틈새만 있었다. 체디는 처음에는 종모양의 스리랑카 스뚜빠를 모방하였으나 서서히 어깨의 경사가 네모지게 되었고 첨탑은 점점 더 얇게 변해갔다. 후기 아웃타야의 쁘랑은 이전보다 더 얇아져서 타이 건축에 새로운 날렵함과 우아함을 주고 있다.

조각 분야에 약간의 혁신은 있었지만, 아웃타야의 예술가 승려들은 붓다 형상의 제작에 있어서 이전 시대의 조각기법을 계승하는데 대개 만족하였다. 불상의 제작에 석재를 이용하기도 했지만, 주된 재료는 청동이었다. 아웃타야 조각의 중요한 특징은 석재를 여러 조각으로 잘라 조립한 대형 불상이었고, 일부는 벽돌을 사용하여 치장벽토로 마감처리한 것도 있다. 대부분의 불상들이 여전히 좌상으로 만들어지기는 했지만 대개 입상을 많이 선호하였다. 선정인(dhyana mudra), 즉 명상을 하는 자세는 예전보다 더 많은 인기를 얻었고, 입상의 자세에도 다양한 표현이 추가되었다. 붓다의 유행(遊行) 자세(walking guise)에서 불상의 무게가 오른쪽으로 쏠림에 따라 손의 위치를 바꾸어 왼손으로 시무외인(abhaya mudra) 자세를 취하게 하였다. 시간이 흐름에 따라 점차 불상을 보석, 자수 및 더욱 정교한 머리장식으로 치장하

는 경향이 나타났다.

특히 테라스, 창문, 천장 등에 구현된 목재가공도 아웃
타야 시기에 아주 정교해졌다. 벽화는 아웃타야 사원의
보편적인 특징으로 여길 수 있는데, 현재 남아있는 벽화
는 1767년 미얀마의 아웃타야 공격 이후의 것이다. 반면
미얀마의 벽화는 이보다 훨씬 이전 시기의 것들이 남아
있다. 이 중에서 가장 잘 알려진 것이 버강 시기의 벽화
로, 힌두신과 본생담을 비롯하여 대승불교와 밀교의 요
소들을 포함한 매우 다양한 종교적 주제로 표현되어 있

[111] 붓다의 족적(footprint)
은 불교에 있어서 숭배의 대
상이었으며, 벽화, 필사본,
조각 등에 흔히 표현된다.
이러한 족적이 있는 곳은 많
은 순례자들이 찾는 장소가
된다. 태국 북동부의 빡통짜
이(Pak Thong Chai)에 있
는 나프라탓 사원(Wat Na
Phrathat)의 벽화. 19세기
초.

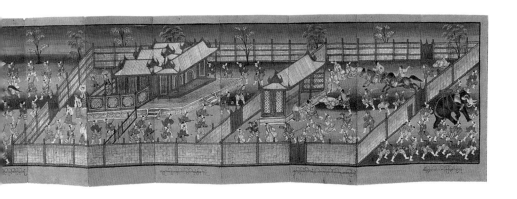

다[110]. 여러 해가 지나면서, 재료의 범위가 한정되자 17세기와 18세기경에는 대개 붓다의 생애와 본생담이 주제로 선택되었다. 본생담은 대개 붓다의 생애 밑에 묘사되어, 벽면의 아래에는 붓다의 초기 이야기들이 배치되고 그 위로 득도한 장면들이 표현되면서 이미지의 체계가 이루어졌다.

18세기말과 19세기에 공중 조망법을 활용하는 변화가 생겨나면서, 사건들은 더 이상 단선적인 배열로 표현되지 않았다. 이는 태국 벽화에서 영향을 받은 결과로 보인다[111]. 미얀마 벽화와 마찬가지로, 타이 사원 벽화의 배치도 대체로 일관적인 패턴을 따른다. 회당의 각 벽에는 특정한 주제가 표현된다. 본존불상 뒤로 신도들이 경의를 표하는 자리의 맞은편에 삼계(Traiphum)의 장면들이 나타난다. 벽면의 하단에는 지옥장면이 묘사되고, 그 위쪽에는 천상의 세계를 표현한다. 신도들의 위치에서 양쪽 방향, 즉 남쪽과 북쪽의 벽면 상단에는 신령한 존재들인 데와따(devata, 천상의 존재)와 약샤(yaksha, 악마)가 불상을 바라보는 모습으로 묘사되고, 그 아래로는 붓다의 생애에 관한 장면들이 그려진다. 본존불상 맞은편 뒤

[112] 역사적 사건을 그린 채색한 뻐러바잇(parabaik, 서첩)의 삽화. 민동(Mindon) 왕의 형제인 밍궁(Myingun) 왕자를 암살하는 장면을 묘사하고 있다. 미얀마의 꽁바웅 시대. 각 첩의 크기 70×410mm

[113] 미얀마 왕실 뻐러바잇으로, 거대한 물고기로 둘러싸인 메루(Meru) 산에서 솟아오르는 우주의 기둥을 묘사하고 있다. 19세기말.

쪽 벽에는 대개 붓다의 득도 장면이 묘사되는데, 붓다가 지신을 불러내어 악마인 마라(Mara)를 물리치는 모습을 표현한 장면과 함께 타이 전통의 대지의 여신인 토라니(Thoranee)가 악마를 쓸어버릴 홍수를 만들기 위해 자신의 긴 머리카락을 짜는 장면이 있다.

1767년 미얀마의 공격으로 파괴된 도시 속에서도 아웃타야의 벽화들이 군데군데 남아 있기는 하지만, 왕도 밖의 지방 사원에 아웃타야 시대의 많은 벽화들이 남아 있다. 흔한 장면으로 꽃과 식물의 문양의 띠로 구별되는 신도들의 행렬 모습이 있다. 그들의 모습은 반복적인 패턴으로 표현되어 있지만, 인물의 옷과 자세의 다양함은 단조로움을 없애주며, 악마와 신도들은 모두 개별적으로 묘사되고 있다. 이러한 벽화의 장면들은 이 시기 타이 벽화의 특징으로 자주 등장하는 요소인 꽃문양과 개화된 꽃의 수직 문양으로 둘레를 장식하고 있다. 루앙쁘라방(Luang Prabang, 지금의 라오스 내)과 란나(Lanna)왕국 북부에 남아있는 벽화들은 그 스타일이 대체로 정형적이지 않다. 예를 들어, 치앙마이의 프라싱(Phra Singh) 사원에 남아 있는 벽화는 북쪽과 남쪽 벽면의 하단에 현지 마을의 생활상을 담고 있다.

18세기 말에 왕도는 방콕으로 이전되었다. 새로운 짜끄리(Chakri) 왕조의 왕들은 고대왕국과의 지속성을 확립하고 통치의 정당성을 확보하기 위해 예술과 의식을 이용하였다. 비록 모델로 사용할만한 아웃타야의 벽화가 거의 남아있지 않았지만, 현존하는 필사본들은 이후의 타이 회화 대부분에 영감을 주었던 것 같다. 불교의 우주관에 등장하는 삼계는 다른 종교적 주제와 마찬가지로 자주 묘사되었다. 방콕 왕궁에서 최초로 건립된 건물은 프라께오 사원(Wat Phra Keo)으로 에메랄드 붓다가 안치된 사원이다. 궁정을 감싸고 있는 벽은 라마야나(Ramayana)의 타이어판인 라마끼엔(Ramakien)에 나오는 장면으로 장식되었다. 이 작품은 이후로 수차례에 걸쳐 복구되었지만, 초기 방콕시대의 전형으로 남아있으며, 캄보디아 왕궁의 정원 벽면에 그려진 20세기 초기 회화에도 반영되었다. 그 스타일은 전통적인 공중 조망법을 이용하여 그려졌다. 인물들은 이차원적이며, 얼굴은 거의 표정이 없다. 분위기는 형식화된 자세를 통해 표현된다. 이야기의 사건은 나무, 개울, 벽이나 때론 기하학적인 지그재그 모양과 같은 요소들을 이용하여 보통 구분된다. 방콕 시대는 금을 많이 사용하고 예전보다 더 폭넓고 진한 색상을 사용한 것이 특징이다. 배경은 깊이 있는 환영(幻影)을 표현하기 위해 농담(濃淡)법을 사용하여 더 어두워졌고 색조가 일률적이지 않다.

이야기 장면의 회화는 삽화가 들어 있는 필사본에도 나타난다. 미얀마에서 특히 꽁바웅(Konbaung) 시대(1752-1885년)에 궁정에서 채택한 매체는 뻐러바잇(parabaik), 즉 특별히 제작한 종이로 만들어진 서첩(folding book)이었다[113]. 어떤 것은 붓다의 일생의 장면을 묘사하고 있고, 또 다른 것은 왕족들의 사원에 대한 봉헌과 역사적 행렬이나 사건 및 궁정의 연회 장면을 보여준다[112]. 전승된 필사본의 대부분은 미얀마 왕도가 만들레로 옮겨진 1857년 이후의 것이다. 형식은 벽화와 유사한데, 먼저 인물의 윤곽을 그린 후, 일반적으로 같은 색조의 색상(flat areas of colour)으로 채색하

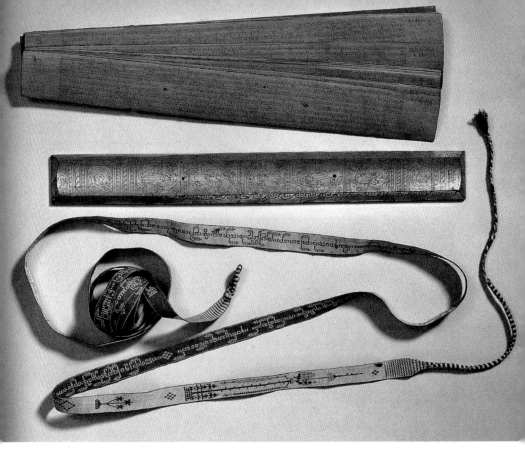

[114] 납작하게 짠 노끈과 나무판에 새겨진 미얀마의 종교적인 필사본. 60×512×40mm.

였다. 원근법은 인물을 겹치는 방식으로 표현되었고, 장면을 위에서 관망하듯이 묘사하거나 다중 관점을 포함하는 경향이 있다. 서첩을 펼치면 경계선을 사용한 전체 장면이 담겨 있으며, 대개 아랫부분의 노란색 패널에는 간단한 설명문이 쓰여 있다. 후기의 예를 보면, 높은 수평선과 인물의 그림자를 포함되어 있는데, 이것은 유럽의 영향에서 비롯된 것 같다.

적어도 14세기나 그 이전의 시기로 내려갈 수 있는 미얀마 필사본의 또 다른 유형은 야자수 잎에 종교적 내용을 담은 책으로 나무판 사이에 끼워 끈이나 핀으로 엮은 것이다[114]. 나무판은 대개 금박이나 칠(lacquer)로 칠해져 있고, 전체 책은 납작하고 좁은 긴 끈으로 감싸있다. 이 끈 자체도 예술품으로, 빨리어로 쓰인 시구나 봉헌 문구가 수로 놓여 있다. 야자수 잎에 쓰여 있는 글들은 철필로 새겨져 있으며, 등불의 그을음이 새겨진 부분에 들어가 있다.

상좌부불교 예술의 전통은 대륙부 동남아에 걸쳐 일관성 있게 나타나는데, 이는 정통성의 추구와 본질적으로 가르침의 매체로서의 예술적 표현이라는 개념을 반영하고 있다. 불교미술의 후원자들은 이를 통해 공덕을 쌓게 되지만, 그렇다고 사원의 장식은 결코 지나치지 않았으며, 예술가들도 혁신을 도입하여 자신들의 흔적을 남기려 하지 않았다. 불교는 대륙부 동남아에 있어서 전통적인 매체를 통해서든 최근에 등장한 형태로든 공히 중심적인 요소로 남아있고, 이로써 불교의 지속적인 힘을 반영하고 대륙부 문화의 중심에서 그 위치를 확고히 하고 있다.

제5장 이슬람 개념

동남아 예술에 있어서 이슬람 관념은 힌두교나 불교의 것에 비해 현저하게 드러나지 않는다. 이슬람교는 주로 말레이 반도나 군도, 보르네오 북부 해안가에서 뿌리를 내렸고, 물질문화에 가장 심오한 영향을 미쳤던 도상(iconography)이 아닌 철학적이고도 미학적인 관념이었다. 이러한 사실은 그 무엇보다 이슬람교의 시각적 상징주의가 다른 종교와는 달리 많은 방식으로 작용하기 때문이었다. 무슬림 예술가들은 확연히 드러내어 표현하기 보다는 일종의 시각적 상징주의를 형성하는 패턴과 디자인을 통하여 은밀하게 암시하는 방법으로 추상적 관념을 다루는 경향이 있다. 생물체를 묘사해서는 안된다고 가르치는 하디스(Hadith)에서 유래된 우상숭배의 금기는 이슬람교의 핵심 요소이다. 이슬람교의 유일신 사상 및 이슬람 예언자 모하메드나 그 어떤 다른 존재도 묘사해서는 안된다는 주장은 무슬림 예술 분야에서 표현할 수 있는 주제의 범위를 크게 제한시켰다. 그래서 동남아 지역의 부조와 벽화에 나타나는 붓다의 생애 또는 힌두교 대서사시에 관한 이야기 장면에 해당하는 것이 이슬람 예술에서는 존재하지 않는다. 이와 같은 맥락에서, 사망한 지배자의 초상을 걸어두는 관습도 이슬람교가 지배적인 지역에서는 거의 사라지고 말았다.

이슬람교가 동남아에 어떻게 도래했는지 확실하지 않

[115]
유아용 자수 덮개. 수마뜨라의 빨렘방(Palembang). 아이의 머리 부분에 놓여있는 작은 천 조각에는 아이의 안전을 기원하는 꾸란 문구가 새겨져 있다. 크기 255×380mm.

으나, 각기 다른 시기에 다양한 경로를 거쳐 동남아의 여러 지역으로 들어왔을 것이라 추정된다. 인도의 구자랏(Gujerat)처럼 이슬람화된 지역 및 중국 연안지대의 무역상들을 통해 국제무역이 가장 활발했던 지역에 이슬람교가 처음으로 유입되었을 것이다. 중동 지역과의 관련성을 언급하고 있는 초기 문헌의 기록에는 7세기 아랍인들이 이슬람교를 수용한 직후 무슬림 무역상들이 동남아를 방문했다고 암시하고 있다. 북서부 수마뜨라의 바루스(Barus) 지역은 이미 해상으로 지중해와 인도아대륙 및 육상으로 중앙아시아를 통하여 중국에 이르기까지 교역으로 연결되어 있던 아랍세계와 가장 이른 시기에 접촉한 것으로 보인다. 마르코폴로가 13세기말 중국에서 유럽으로 되돌아가던 시기에 북부 수마뜨라의 일부 지역은 이미 이슬람교로 개종되어 있었다. 하지만, 14세기에서 15세기까지 그곳에서도 많은 수의 이슬람 신도를 확보한 것 같진 않다.

북부 및 동부 수마뜨라에 존재했던 동남아의 가장 초기의 이슬람 중심지들이 술루 제도, 브루나이, 자바의 북동부 해안 및 말레이시아 반도의 북동부 해안의 정착지로 확산되었다. 동남아 현지 여성들과 결혼한 외국인 무역상들이 이러한 공동체를 형성했을 것이며, 항해 도중에 개종한 동남아 현지 선원과 무역상들도 적어도 부분적으로는 여기에 포함되었을 것이다. 동부 자바의 그르식(Gresik) 지역 및 브루나이에서 발견된 묘비는 비문 해독자들에 따르면 11세기의 것으로 추정되고 있다. 만약 이것이 사실이라면, 이 묘비들은 다른 사례일 것이다. 그르식 지역의 무슬림 정착지에 관한 최초의 기록 자료는 15세기의 것으로 알려져 있다. 그 당시에는 동부 자바의 마자빠 힛 왕국의 중심부에 위치한 뜨로울란(Trowulan)에도 무슬림 무덤이 존재했다.

자바의 전설에는 그곳에 최초로 이슬람교를 전파한 9인의 왈리(wali, 성인)에 관한 이야기가 전해 온다. 그 성인들 중 일부는 적어도 부분적으로는 중국인 후예로 묘사되며, 자바의 북부 해안가 마을은 일부 이슬람의 영향과 함께 중국 문화의 흔적이 훨씬 많아 보인다. 이슬람 교역 중심지의 점차적인 번영으로 이슬람교의 확산은 힘을 얻었을 것이고, 현지 왕과 지배자들은 이슬람교로 개종하면서 많은 이들이 이슬람 명칭인 술탄을 사용하였다. 마자빠힛이 자바의 북부 해안 지역의 이슬람 왕국인 드막(Demak)의 압박을 받아 15세기에 쇠퇴하자, 말레이시아 반도의 서부 해안가에 자리한 말라까(Malaca)가 그 지역의 중심 세력으로 등장했다. 아마도 이 시기를 통하여 말레이어가 전 지역에 걸쳐 주도적인 교역어의 지위를 확보하기 시작했던 것 같다. 말라까가 16세기 초에 포르투갈에 의해 점령당하자, 오랜 기간 이슬람교의 주요 근거지였던 북부 수마뜨라의 아쩨(Ache) 술탄국이 이 지역에 영향력을 행사하기 시작했다. 하지만, 아쩨는 광범위한 지역에 걸친 영향력을 구사할 수 없었는데, 바로 이 시기에 유럽인이 도래하여 도서부 동남아의 권력 투쟁에 있어서 중요한 국면을 창출했기 때문이다.

17세기 이후 현지 지배자들의 권력을 제어하고 무역 독점권을 장악하기 위한 네덜란드와 영국 동인도회사의 진출로 인하여 많은 술탄국들의 정치적 동맹을 강화시키는 결과를 나았다. 술탄국들은 유럽의 개입에 대한 공동전선을 펼치지 못했음에도 불구하고, 이슬람교는 그들을 규합하는 문화적 구심점이 되었다. 훗날 말레이시아와 인도네시아가 성립하는 많은 부분에 있어서 예술적 표현에 미친 유럽의 영향은 미미했으나, 그 반면 이슬람 표현 양식은 비록 이전 방식으로 통합되긴 하였지만 일반적인 통용성을 얻게 되었다[116].

비교적 최근까지 동남아의 이슬람교는 많은 오래된 신앙과 사회 관습을 수용하는 경향이 있었다. 그 이유 중 하나는 이슬람교의 영적, 신비주의적 측면을 강조해 온 수피(Sufi) 설교자의 근본적인 영향력일 수도 있다. 그들은 왕실에서 영향력을 행사하였기 때문에, 그들의 관념은 이미 주술과 의례 및 영성에 상당한 중요성이 부여된 문화에 포함되었다. 자연의 아름다움은 자연을 창조한 신의 본질적인 미를 반영한 것으로 간주되었다. 예술은 특

[116] 마두라(Madura) 섬 방깔란(Bangkalan) 구역의 아로스바(Arosbaya)에 위치한 짜끄라닝랏(Cakraningrat) 왕가의 묘지에 안치된 짜끄라닝랏 1세의 왕비, 까중 라뚜 이부(Kajeng Ratu Ibu)의 무덤. 산의 이미지는 인도네시아의 이슬람 예술에 있어서 중요한 의미를 지닌다. 17세기.

히 개인이 우주를 잘 이해할 수 있도록 돕는 측면에서 이슬람 철학의 기본 개념을 전달하는데 사용되었다. 절대자와의 화합을 이루기 위하여 수행되는 일상생활에서의 일탈, 명상, 금식과 같은 현재의 관습은 수피 사상과 완벽하게 일치한다. 우주의 구조에 관한 이해도 옛 신앙과 새로운 신앙 간에 상당한 공감을 이루고 있고, 예술에 있어서 끝없는 매듭과 만다라 같은 이미지, 대칭과 균형에 관한 인식, 편재하는 생명력의 인식 표현은 이슬람교의 미학적 원리와 조화를 이룰 수 있었다.

종교적 변화로 인하여 건축술에 있어서 급작스런 변화를 초래하지는 않았다. 무슬림 예배처소의 수요는 많지 않았으며, 현존하는 건축물의 구조에 적절히 적응하였다. 초기의 대부분의 목조 모스크는 끄라똔(Kraton, 궁전)에 부속된 건물이나 농촌의 대중회관이었던 발라이(balai)를 개조한 것이었다. 방형(方形)으로 설계된 이러한 개방형 건물들은 보통 모임지붕(hipped roof)을 떠받치는 기둥들로 구성되어 있었다. 일부 토착 건축물에서 나타나듯이 모임지붕은 흔히 여러 층으로 구성(겹지붕)되며, 이로 인해 각 층간의 통풍을 위한 공기 출입구(louvre)가 만들어진다[118]. 이 지역의 많은 곳에서 나타나는 전통가옥의 기둥들은 가령 생명력이나 친족구조의 개념과 관련된 상징적 의미를 띠고 있다. 기둥은 또한 이슬람교의 중심적인 상징물로 이와 모순된 의미를 찾아볼 수 없다. 복층으로 된 지붕은 힌두교 사원에서 나타났는데, 이것은 중앙의 신상을 보호하는 덮개이면서 하늘과 신을 연결하는 상부 통로가 된다. 이슬람교에서는 신은 보이지도 않고 표현할 수도 없는 존재이지만, 그러한

[117] 반뜬 소재의 대모스
크인 므스짓 아궁(Mesjid
Agung)으로 1556년 마울라
나 주숩(Maulana Jusuf) 술
탄에 의해 건축되었다. 첨탑
의 높이는 30m에 달한다.

[118] 겹지붕을 지닌 전통적
모스크. 술라웨시의 빨로뽀
(Palopo)

수직적 개념은 강조되어 하늘 너머 천국에 이르는 관문
의 개념으로 재해석되어 왔는데, 지붕의 중앙 첨단 아래
의 빈 공간 그 자체가 관문인 셈이다. 메카(Mecca)의 방
향을 향하여 드리는 기도인 끼블랏(kiblat)은 이슬람의
영력을 제공하지만, 그 방향은 모스크 내에 있는 미흐랍
(mihrab)이라고 하는 벽감을 통하여 표시된다. 그러나

그 벽감은 모스크 건물의 방위에 있어서 반드시 표현되는 것은 아니다. 하지만, 끼블랏을 향한 구조의 방향성은 예를 들어 15세기 말 북부 자바의 찌르본(Cirebon)에 있는 까스뿌한 끄라똔(Kasepuhan Kraton)의 모스크에서 분명하게 드러나는데, 각 방위별로 배치된 궁전 건물들의 모퉁이에 세워졌다.

자바의 북부 해안 지역에 있는 가장 초기의 대규모 모스크는 1478년 드막에 세워졌고, 찌르본, 제빠라(Jepara), 꾸두스(Kudus), 그르식(Gresik) 지역의 모스크는 그 이후 수백 년에 걸쳐 건축되었다. 이와 같은 초기 모스크들은 흔히 신성한 지역에 존재하는데, 때론 기존 구조물에서 가져온 재생품을 사용하였다. 제빠라 인근의 만띵안(Mantingan) 지역의 모스크는 원래 1559년부터 건축하기 시작한 것으로, 이슬람교 도래 이전에 있었던 라마야나 장면의 부조 뒷면을 가공한 돌로 부분적으로 건축했던 것처럼 보인다[119]. 힌두 사원의 많은 특징들이 이 거대한 모스크에 남아있다. 찌르본의 가스뿌한 궁전안과 드막, 까딜랑구(Kadilangu), 반뜬(Banten) 등지에 세워진 모스크는 모두 발리의 힌두 건축물과 동부 자바 시

[119] 만띵안의 16세기 모스크 내에 있는 원형의 돌을 새김(medallion)에 나타나는 연꽃 모티프는 초기 시대의 상징이 계속 사용되고 있음을 보여준다. 일부 조각판의 뒷면에는 그 보다 이전의 힌두 양식의 조각이 남아있다.

[120] 1897년에 건축된 꾸알라룸뿌르(Kuala Lumpur)의 잠비 마스짓(Jambi Masjid) 모스크는 첨탑과 함께 담장으로 둘러싸인 앞마당 및 붉은색과 흰색 벽돌 치장을 갖추고 있어 이슬람 건축술의 국제적인 양식과 관련되어 있음을 여실히 보여준다.

[121] 족자까르따의 왕실 유원지 내의 사색의 장소로 '물의 궁전'의 의미인 따만 사리(Taman Sari)의 목욕장 중의 한 곳으로 1765년 이곳의 첫 술탄이었던 망꾸부미(Mangkubumi)가 건축함.

대의 건축물의 특징인 겹지붕을 띠고 있다[117]. 찌르본의 순야라기(Sunyaragi)의 정원과 끄라똔 및 슨당 두우르(Sendang Duwur)[124]에 나타나는 동부 자바의 힌두 고전기 기념물의 특징인 짠디 븐따르(candi bentar, 지붕이 없는 출입문)도 그 사례가 된다. 건물 안마당과 고뿌라(gopura)도 역시 힌두 양식으로 볼 수 있다.

이슬람 세계 외의 지역의 건축양식은 19세기 이전까지 동남아 지역에 확산되지 못했다. 이것은 부분적으로는 유럽 지배에 대한 반작용과 이슬람 세계의 국제적인 결속에서 비롯된 것일 수도 있다. 오늘날 말레이시아의 일부 지역에서는 영국 식민정부가 토착 지배자들에게 건축을 장려했고, 이것은 인도와 중동의 건축술을 모방한 양식으로 무수한 궁전과 모스크를 건설하는 결과를 낳았다[120].

[122] 보석으로 장식된 말레이의 담배함인 츨르빠(chelepa)의 형태는 여덟 잎의 연꽃을 상징하며, 이것은 이 지역에서 발견되는 말레이 예술의 공통된 특징이며 예술적 요소들의 혼합주의적 한 예라고 할 수 있다. 말레이시아 뜨릉가누(Trengganu)의 왕실 가보로 18세기경의 것.

[123] 찌르본의 '므가믄둥(megamendung)' 문양을 지닌 면 소재의 바띡 스커트 천의 상세한 모습. 중국 스타일에서 유래된 구름 문양은 어떤 현지 지배자가 몽골 공주와 혼인한 이후에 모티프로 사용되기 시작한 것으로 알려져 있다. 하지만, 그 표현은 강렬한 이슬람풍이어서 찌르본 디자인에서 오랜 기간 사용되었던 이유가 되었다. 1990년대 찌르본 뜨루슴(Trusm)의 구눙자띠(Gunung Jati) 공방에서 제작. 크기 1040×240mm.

돔(dome)과 첨탑과 같은 특별한 양식은 무갈(Mughal)과 터키의 것을 차용한 것이며, 다른 요소들은 영국의 식민지 지배기의 모형에서 파생된 것이다. 도자기 타일이 시공되고 일부 모스크는 벽돌로 장식하기도 했지만, 다른 무슬림 세계에서 발견되는 정교한 기하학적 표면장식은 공간과 빛을 핵심적인 요소로 여기는 동남아에서는 여전히 찾아보기 힘들다.

이슬람교 의식에 사용되어 온 예술은 신의 창조적 능력을 찬양하기 위해 널리 이용되어 왔다. 힌두교의 영감에서 비롯된 예술에서 이야기의 배경을 제공했던 과일과 꽃, 꽃잎 및 덩굴의 이미지는 이제 이슬람의 주제가 되었다. 이런 모든 것이 바로 신의 창조 즉 신의 본질의 구현이었다. 한편, 동물과 조류의 묘사는 예전에 비해 줄어들었다. 과거에는 이러한 상징물들은 반쯤 감춘 채 위장하

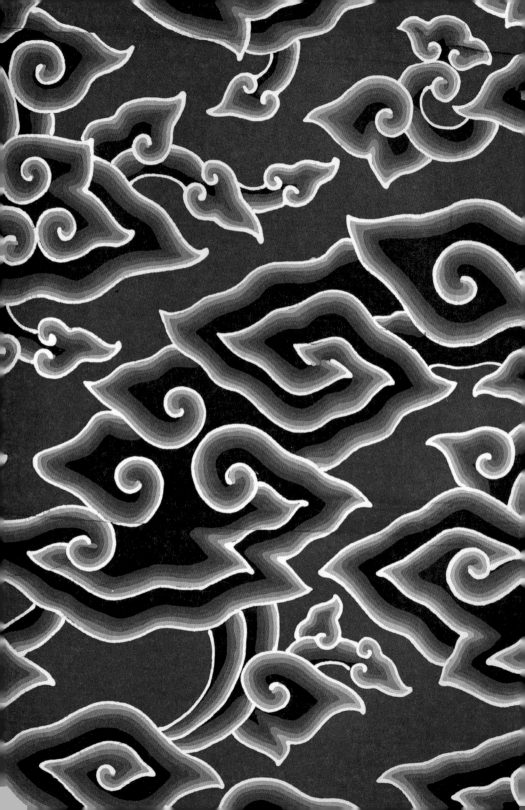

는 경향이 흔하였지만, 이슬람의 영향 하에서는 그런 경향은 더 강조되었다. 생명체의 표현은 완전히 사라진 것은 아니었지만, 많은 경우에 있어서 이들 형태는 모호해지거나 암시적으로 변하여 결국 시각적으로 거의 드러나지 않게 되었다. 무슬림들에 의하거나 그들을 위하여 건축되는 가옥과 궁전을 장식하는 복잡한 문양의 목재 가공품에는 꽃과 식물의 모티프가 지배적이었는데, 말레이 금속 세공인들의 은, 동, 금 제품에 이들 모티프가 다양한 새김 기법으로 사용되었기 때문이다[122]. 이러한 점에서 이슬람의 작품과 이전 힌두 작품 간의 차이점은 크지 않았고, 많은 경우에 그 차이는 거의 분간할 수 없다. 때론 적어도 일반인의 시야에서는 힌두교의 대서사시에 등장하는 천상의 모티프 또는 형상인 압사라(apsara, 요정) 모습의 여부로만 이슬람 예술가의 작품과 대륙부 불교 예술가의 것을 구분한다.

힌두교 형상들이 새로운 이슬람 해석 속으로 편입되어 사용되었던 매체 중의 하나는 바띡이었고, 이는 중부 자바에서 순수예술로 여겨지던 알루스(alus)라고 일컫는 것과 전통적으로 일치하는 예술의 한 분야이다. 바띡은 밀랍을 이용한 염색 기술로 직물을 장식하는 예술로 그 기원은 분명하지 않다. 단순한 형태의 바띡은 왕실에 도입되기 이전 수세기 동안 자바의 농촌 지역에서 생산되어 온 것 같다. 바띡의 시작이 언제부터였는지도 확실하지 않지만, 17세기 마따람(Mataram) 왕국의 위대한 지배자였던 술탄 아궁(Agung)의 치세기에 여러 문양들이 왕실에 사용될 목적으로 도입되었다. 바띡의 문양은 고정된 채 남아있지 않았지만, 그럼에도 일부 오래된 문양이 보

[124] 동부 자바의 빠찌산
(Pacisan) 근처 1585년 무슬
림 성인인 수난 슨당(Sunan
Sendang)의 장례지였던 슨
당 두우르(Sendang Duwur)
에 있는 출입구. 출입구 위
의 암석 모티프와 부속물 및
날개 형상은 자바의 바띡에
서 나타나는 문양을 연상시
키며, 아마도 그와 유사한
의미를 띠고 있을 것이다.
아쩨의 묘비에 나타나는 날
개 형상을 반영한 이 날개가
상징하는 바는 영적 비상과
관련된 것 같다.

존되어 오늘날 인도네시아의 전역에 걸쳐 사용되고 있다.
왕실의 많은 바띡 모티프가 힌두교에 그 기원을 두고 있
다는 사실은 분명하다. 구름 문양인 므가믄둥은 중국 천
자인 황제 및 구름 속의 산에 군림하는 힌두신인 인드라
와 공히 관련이 있다[123]. 구름 모티프는 찌르본의 기념
비적 건축물의 가령 궁전 출입문에서도 반복적으로 나타
난다. 세계를 감싸고 있는 메루 산 및 여러 산의 이미지
는 비시누의 승용동물이며 인간과 독수리 형상을 한 가루
다(Garuda)를 표현하는 일련의 모티프와 마찬가지로 중
부 자바 궁전의 많은 흑갈색, 청색, 흰색 패턴 속에 나타
난다. 다른 문양 요소는 이슬람적인 대상을 좀 더 명확하
게 보여준다. 예를 들어, 찌르본 왕실의 바띡에서는 따만

아룸, 즉 정원의 장면이 압도적이어서, 꾸란에 등장하고 페르시아와 인도의 카펫에 묘사되는 네 개의 천국 정원의 장면을 비롯하여, 술탄들이 자신들의 영혼이 우주와 합치하는 순야라기의 상태를 구하기 위해 실제 사색하는 정원 [121]을 연상시킨다.

이슬람교와 힌두교 전통에서 공히 파생된 또 다른 바띡 모티프로 뻭시나갈리만(peksinagaliman)이 있는데, 이것은 다양한 대상의 요소들을 혼합한 상상 속의 맹수이다. 이 동물은 오늘날 흔히 중국의 용으로 묘사되는 나가의 목과 힌두교의 형상에서 볼 수 있는 코끼리의 코 및 여성의 머리와 말의 몸체 그리고 공작의 날개와 꼬리를 지닌 창조물이며 예언자 모하메드가 천국으로 타고 가는 보우락(Bouraq)의 날개를 가지고 있다[125]. 이러한 도상과 종교의 혼합성은 찌르본 예술의 특징이다. 궁전 내부와 궁궐 외부 공히 중국 접시와 종교적 장면이 그려져 있는 청색 타일이 벽면을 장식하고, 그 외의 장소에는 바구니 모양 같은 중동 지역의 모티프가 나타난다. 찌르본의 대 모스크(Great Mosque)에도 밈바르(mimbar, 설교단)의 위아래로 정형화된 깔라-마까라(kala-makara) 같은 모티프를 포함하고, 미흐랍(벽감)에는 이슬람화된 찌르본에서 '영혼이 없는 생명'을 의미하는 하인 일라 루힌(Hayyin ila Ruhin)을 상징적으로 나타내는 연꽃 형상이 있다.

이슬람 예술에서는 요소의 배열이 요소 그 자체보다 더 중요하며, 이것은 바띡 작품에서도 분명히 드러난다. 예를 들어, 말레이 잠비의 바띡의 가장자리는 일반적으로 잎과 덩굴의 소용돌이 문양으로 구성된 세 개의 띠로 구성된다[127]. 이 디자인은 중국과 이슬람 세계에서 규칙적으로 반복되는 생의 주기 속에서 흘러가는 시간의 관념을 의미하는 끝없이 뻗어나는 덩굴에서 유래된 것이다. 중국에서는 덩굴에서 '피어나는' 꽃과 열매를 인간의 자손에 비유하지만, 그러한 해석이 동남아에도 적용되는 것인지는 확실하지 않다.

이슬람 디자인에서 나타나는 또 다른 특징은 패턴이 종종 그것을 둘러싸는 경계 밖으로 사라지는 것처럼 보이는 것으로, 가장자리의 모티프는 나타나지만 프레임 밖에서는 보이지 않도록 자르는 것이다. 덩굴의 경우와 같은 이런 디자인 요소들도 이슬람 사상에서 반복적으로 나타나는 영원과 무한의 관념을 전달한다. 프레임 속에서 딱 들어맞도록 배열될 수 있는 규칙적인 패턴은 시각의 요구를 충족시키지 못하여, 관찰자로 하여금 외양을 넘어 실체에 관심을 갖도록 만든다. 이러한 무한성과 유한성의 조합은 영적세계와 현실세계의 동시적인 발현을 기원하는 것이다. 천의 주요 부분은 더 작고 작은 부분으로 나눌 수도 있어 결국 하나의 디자인 요소와 다음 요소간의 경계를 명확히 나타낼 수 없게 된다. 이것이 이슬람 패턴의 특징이며, 불정의성의 시각적 표현, 즉 '물질의 해체(the dissolution of matter)'라 불리는 관념을 나타낸다. 그것은 말레이 양단[126]과 잠비의 바딱뿐만 아니라 자바와 그 인근 마두라의 그 유명한 바딱에서도 나타난다. 실로 마두라에서 바딱 디자인에 붙인 이름들은 거의 서양인 관찰자가 전경의 요소인 새나 꽃이라기보다 배경 '채우기'로 여길 수 있을 정도이다.

바딱의 해석에 관한 자바인의 접근방법은 이슬람 미학에 관한 상당한 부분을 보여준다. 직물의 패턴은 의미

[125] 술탄의 사색 장소로 '향기 나는 정원'의 의미를 지닌 따만아룸 순야라기 (Taman Arum Sunyaragi)를 묘사한 찌르본의 바띡 천의 모습. 이 정원은 돌로 덮인 정경으로 묘사되어 있으며, 사자와 쁵시나갈리만은 상상의 동물이다.

[126] '송껫(songket)'이라 불리는 금실로 짠 양단(brocade)은 말레이 지역 전역에 걸쳐 나타난다. 이 멋들어진 작품은 브루나이산이다. 크기 2024×1072mm.

[127] 수마뜨라 잠비(Jambi)의 '슬른당(selendang)'이라 불리는 바띡 숄(shawl). 노란색과 갈색 염료를 사용하여 파란 바탕에 대비적인 금색 효과를 내도록 제작하였다. 금색은 말레이 예술에서 애호되는 요소이다. 크기 940×1920mm.

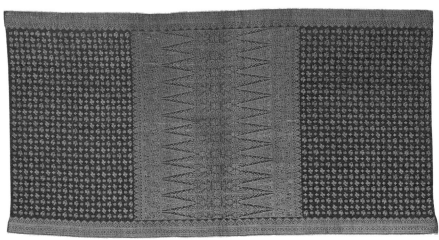

가 아닌, 아랍어에서 차용된 말로 대략 '성질(character)', '본질(nature)' 또는 '형태(form)'로 번역될 수 있는 씨팟(sifat)을 지닌 것으로 여긴다. 모티프란 대상의 핵심(essence)이라 할 수 있지만, 대상을 표현하지 않는다. 오히려 제시된 대상물은 그 자체로 어떤 다른 것, 철학적 개념이나 어떤 느낌을 암시할 수 있다. 이러한 암시는 오로지 종교적이고 영적인 지식의 소유자에 의해서 인식될 수밖에 없다. 각 관찰자들은 어떤 패턴을 다른 차원에서 이해하고, 패턴은 서로 분리되든지 하나로 중첩되거나 병합될 수 있는 변화무쌍한 관념을 띠게 된다. 관념과 느낌, 즉 '라사(rasa)'에 이르는 관문의 역할을 지닌 예술은 분별력 있는 사람을 외부의 세속적인 물질세계를 넘어 내부의 이상적인 현실로 보낼 수 있다.

이런 완곡함(obliqueness)의 경향은 북부 자바의 해안 중심지 및 수마뜨라에서 제작된 서예 바띡에서 분명하게 나타난다[128]. 이러한 일부 바띡에서는 꾸란에서 빌려온 문구를 읽을 수 있는데, 이것은 이 천을 사용했던 사람들에게 분명히 의도하는 바가 있었다. 이 천의 대부분은 성인, 지도자 및 네덜란드에 대한 항쟁에 가담했던 열사들이 머리 수건으로 사용해 왔거나, 네덜란드와의 투쟁에서 서거한 이들의 사체를 덮는 용도로 사용된 것 같다. 어떤 것은 깃발로 사용되었는데, 오스만 군대의 깃발 디자인을 모방한 것이었다. 또한, 이슬람 세계 외의 지역에서 착용하는 것에서 본을 딴 것으로 보이는 부적같은 겉옷에도 그런 서예 디자인을 채용하였다. 이러한 맥락에서, 그 문자는 보는 이의 이해와 관계없이 분명한 의미를 전하여, (깃발을 든) 기수이든 (겉옷) 착용자이든 순국열사이든 그

[128] 머리 수건 바띡에 나타나는 사선 부분의 문자는 상당히 양식화 되어 있다. 모서리에 나타나는 문자는 대칭적으로 배열되고 각 구석 부분은 서로 반사형을 띠고 있어 문자를 판독하기 어렵게 만들지만, 그 천에 강력한 효험을 발하게 한다. 인도네시아. 크기 870×920mm.

들을 이슬람교와 일체감을 갖게 한다. 모하메드가 그의 사위 알리(Ali)에게 주었던 성스러운 검, 둘파콰르(Dhu'l-Faquar)에 새겨진 문자도 비록 흘려 쓴 것이라 해도 신의 총아(lion)의 표현, 즉 그 자체로 알리의 상징임을 대부분의 무슬림은 같은 방식으로 인식하게 된다. 하지만, 서예 천에 그려진 많은 모티프의 대부분은 외부인과 이슬람 공동체의 평신도에게는 공히 이해할 수 없는 것들이다. 오스만 술탄의 상징적인 서명인 투그라(tughra)에 기초한 모티프는 종종 이런 천에 나타나며, 오늘날 동남아의

이슬람 예술가와 서예가들이 사용하는 디자인 핸드북에 등장한다. 한때 그 모티프는 위대한 해외 이슬람 세력과의 연결고리로 인식되었을 수도 있다. 이러한 상징은 적어도 부분적으로는 효험을 지닌 부적의 성질을 품어왔다. 바띡에 표현된 어떤 문자들은 너무나 비틀리고 왜곡되어 거의 알아볼 수 없을 정도의 수준이다. 또 어떤 경우에 문자는 반사형으로 쓰여 있거나 심지어 암호화되어 있는 경우도 있다. 가령 숫자놀이인 마방진(magic squares) 같은 것의 경우, 그것을 이해하지 못하는 사람들에게는 해독 불가능 상태로 남아 전혀 효험이 없는 것 같다.

특히 통과의례에 있어서 사람과 집을 보호해야할 필요성은 이슬람 도래 이전의 동남아에 있어서 상당한 예술품 제작의 추진력이 되어 왔으며, 선과 악을 동시에 지닌 영귀인 진(jinn)으로 가득한 세상에서 계속 중요한 것으로 여겨졌다. 이전에는 산스끄리뜨어로 새겨진 비문들

[129] 유리회화에서 등장하는 보우락은 날개가 달린 말의 몸통과 여성의 얼굴, 공작새의 꼬리를 가진 존재로 모하메드를 천국으로 태우고 가는 역할을 맡고 있다.

이 보호적 효력을 지닌 것으로 생각했지만, 이제는 꾸란의 문구가 그 힘을 발휘하고 있다. 찌르본의 예술은 종교적 관념의 표현에 있어서 중요한 역할을 담당하였고, 성스러운 경전의 보호적 효능의 성격은 많은 매체를 통하여 구현되었다. 예술가와 장인들은 예술가 공동체인 따리캇 (tariqat), 즉 수피주의자 집단(Sufi brotherhoods)에 속했던 것으로 보인다. 특별한 공예품 제작으로 전문화된 마을은 종교적, 예술적 지도자들에 의해 설립되었고, 그들 묘지가 수 세대에 걸쳐 보존과 관리를 받고 있다. 신비적인 철학은 흔히 그들 작품의 디자인 속에 추상적인 형태로 감추어져 있어, 그 작품을 제작한 장인 집단의 구성원들만 이해할 수 있었다.

찌르본의 예술적 전통은 계속 발전하여 유리회화 예술을 낳았다[129]. 모스크는 유리회화의 수용으로 널리 알려져 있는 곳으로, 순회 예술가들이 실내 장식용과 보호 부적용으로 걸 수 있도록 유리 회화를 그려 팔았다. 와양(wayang) 인형극에 등장하는 인물들, 특히 끄리시나 (Kresna)와 아르주나(Arjuna)를 비롯하여 바따라 구루 (Batara Guru)와 비시누의 승용동물인 가루다 등도 유리회화의 주제가 되었다. 이러한 인물들은 주로 힌두교와 관련되어 있지만, 유리회화에서 나타나는 이 인물들은 종종 꾸란의 문구에서 발췌한 글자와 섞여 두 종교의 완벽한 혼합을 이루었다. 그 회화의 여백은 어두운 색으로 칠해지는 반면, 아랍 문자는 금색이나 동색으로 채색되어 단어들이 배경에서 두드러지도록 하였다. 이 회화들은 인물과 텍스트에서 공히 파생되는 보호적 영력으로 충만하도록 제작되었다. 시각적으로 힌두적 모티프를 이슬람 형

태로 혼합하는 것은 동남아 이슬람 지역의 특징이었지만, 찌르본에서 가장 분명하게 드러난다. 이러한 사실은 아르주나의 메카 방문 이야기 같은 두 세계의 조우를 전하는 여러 설화와 전설에서 반복되고 있다.

다른 예술에 있어서도 마찬가지이겠지만, 이슬람의 전래로 무기의 디자인과 장식에 대한 근본적인 변화는 초래되지 않았다. 이슬람 술탄국을 지키기 위한 대포들은 여러 도서부 지역 특히, 북부 수마뜨라와 브루나이에서는 청동제 장인들에 의해 주조된 것이었다. 그 대포들의 형태는 중국 대포들의 본을 딴 것으로, 몸체는 악어나 용의 모습이고 발사는 그 동물의 입에서 이루어진다. 브루나이에서는 대포 모형이 신부대금(bridewealth) 지불을 포함한 다양한 목적으로 사용되었다[130].

[130] 네 개의 바퀴가 달린 마리암(mariam) 형식의 이중 포신이 장착된 대포 모형으로 세 번째 포신이 두 개의 주요 포신 사이에 달려있다. 모형의 뒷부분에는 입을 벌리고 서있는 개 형상이 있다. 크기 154×280mm.

다른 많은 무기들과 마찬가지로 단검은 이슬람을 수용한 문화권에 있어서 더욱 중요한 위치를 차지하였다. 보르네오와 필리핀을 연결하는 술루(Sulu) 제도의 칼은 다른 지역에서는 발견되지 않는 독특한 특징을 발전시켰다. 따우숙(Tausug) 전사들이 애용했던 바룽(barung)의 잎 모양의 날은, 민다나오(Mindanao) 본토의 무슬림들이 사용했던 무기로 끝보다 자루 쪽이 좁은 양날검인 깜삘란(kampilan)처럼 독특하다. 칼에 미친 영향은 이슬람세계보다 스페인이 더 큰 것 같으며, 필리핀의 갑옷 디자인 역시 유럽 스타일에 더 영향을 받았다. 하지만, 갑옷 본체에는 때로 날개 문양으로 장식된 것이 있는데, 이는 아마도 서쪽으로는 오스만제국에서 동쪽으로는 자바에 이르기까지 무슬림들이 전투에 입고 나갔던 튜니카(tunic)에 치장된 문양에서 비롯된 것으로 보인다.

이슬람교 전래 이전 자바에서 유래된 끄리스(keris)

[131] 악마인 락샤샤(rakshasha)의 형상이 새겨진 칼자루가 달려있는 아홉 번 구부러진 끄리스와 칼집. 칼집 윗부분에는 '다이아몬드' 눈과 함께 커다란 깔라 형상의 황금 머리 마스크가 있다. 칼집의 황금 커버는 띠 사이에 스와스띠까(swastika, 태양 광선 문양), 가루다, 싱아(singa, 사자) 등의 디자인과 함께 복잡한 꽃과 꽃잎 문양으로 장식되어 있다. 이 끄리스는 마두라의 술탄이 1816년에 스코틀랜드인 선장이었던 존 브라운(John Brown)에게 선물로 준 것이었다. 크기 585×175mm.

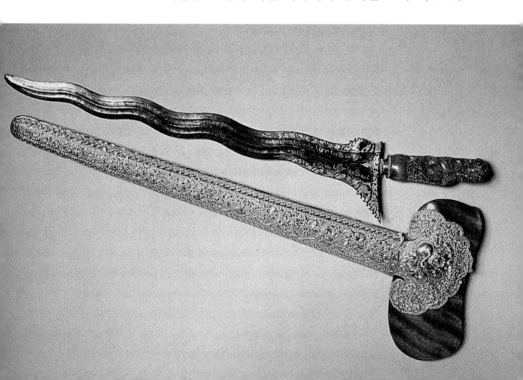

[131]는 마따람의 무슬림 술탄국에 등장하였다. 그러나 그 도상에는 이슬람 관념의 증거가 거의 없다. 물결 모양의 날을 가진 *끄리스* 유형은 흔히 나가에, 자루는 종종 채택되는 새에 비유하곤 한다. 새와 독사의 조합은 비마(Bhima)와 같은 와양에 등장하는 영웅들의 형상으로 만든 자루와 함께 이슬람 이전의 관념으로 여긴다. 그렇지만 *끄리스*는 이슬람과 불가분의 관계에 있다. 예를 들어, 필리핀의 *끄리스*는 모든 무슬림 집단과 상관이 있지만, 비(非)무슬림 집단과는 관련이 없다.

자바 *끄리스*의 주요한 특징 중의 하나이자 그 *끄리스*의 품질을 나타내는 척도는 빠모르(pamor), 즉 때론 물결문양 새김(damascening)이라고도 하는 칼날을 장식하는 패턴이다. 인도네시아의 빠모르가 이슬람세계의 영향에서 비롯된 것일지라도, 물결문양 새김(이러한 기술이 널리 보급되었던 다마스쿠스(Damascus)에서 따온 이름)의 과정에서 만들어진 것은 아니다. 그것은 자바에서 인도네시아의 대장장이들이 수입된 무기에서 본 물결 문양의 복제를 시도하는 동안 발견했을 수도 있는 패턴 접착과정에서 만들어졌다. *끄리스*의 제작과정과 그것과 관련된 의미 속에서 이슬람 이해는 분명해진다. 자바에서 금식 및 종교적 감사 의식은 *끄리스* 제작자가 작업에 앞서 반드시 행해야 할 중요한 행위가 되었다. 이런 행위들은 이제 확고하게 이슬람 체계 안에 자리 잡았고, 인정된 예배요소로 정착되었다. *끄리스*에 불어넣는 힘은 신의 선물로 여겼다.

이와 유사한 일련의 신앙이 인도네시아의 비마(Bima) 섬에서 일어나고 있는데, 그곳의 *끄리스* 제작자는 전통적으로 작업을 시작하기에 앞서 단식과 기도의 기간을 가진다. 그는 적에게 해를 입히거나 미래의 사건을 바꾸는 초자연적인 힘을 일컫는 말로 아랍어에서 유래된 께베(kebe)를 인식하길 원한다. 제작자가 갖추어야 할 또 다른 이슬람의 개념으로 피라사(firasa)라는 것이 있는데, 이것은 외모를 통하여 사람의 기질을 파악하는 능력이다. 이것 역시 중요한 기능으로, 끄리스의 디자인은 그 사용자의 성격과 일치해야 하기 때문이다.

이슬람 관점은 종종 무기를 '읽는다(read)'는 생각을 취한다. 아쩨에서는 아쩨의 남성들이 선호하는 무기인 른꽁(rencong)의 여러 부분의 모양이 '알라의 이름으로'라는 의미의 '비스밀라(Bismillah)'라는 문구를 묘사하는 것으로 흔히 생각한다. 이것은 꾸란의 각 수라의 시작 부분에 나타나는 '비스밀라 알라흐만 알라힘(Bismillah al-rahman al-rahim)' 즉 '자비롭고 은혜로운 신의 이름으로'라는 문구의 첫 말이다. 칼자루의 본체, 날의 끝 및 칼집의 본체에 장식된 형태와 함께 칼자루와 날의 곡선들은 그 문구를 구성하는 문자로 여긴다. 이러한 해석은 자연에서든 인간의 가공품에서든 간에 세상의 모든 측면에서 신의 존재를 찾으려는 전형적인 이슬람 방식으로 결국 모든 생활 분야에서 이슬람과의 일치를 강화하려는 것이다.

의복은 새로운 종교가 가장 큰 영향을 미치는 물질문화의 분야 중 하나였다. 중국 풍속에 어느 정도의 영향을 받았겠지만, 재단한 옷으로 상체를 가리는 관습은 이슬람교에서 도입된 것이었다. 바지를 착용하는 것도 의복에 사용되는 이름이 입증하듯이 대개 페르시아와 아랍세계의 영향에서 비롯되었다. 말레이와 아쩨의 술탄국들은 그들의 왕실 행사와 착용하는 의상을 적어도 부분적으로는 무갈과 오스만의 왕실의 것을 본을 삼은 듯하다. 의상 장식의 기술도 거의 아라비아의 연례 메카순례인 하즈(hajj)에서 유입된 관념과 실례들의 덕택이다. 성지에서 들어온 품목들은 초자연적인 힘에 감화되었고, 그 스타일과 물건은 현지 생산의 모델이 되었다는 사실은 그리 놀랄만한 일이 아니다. 특히 말레이 문화에 큰 영향을 미친 것은 이제는 의례복장에 있어 정례가 되어 버린 벨벳이나 비단의 배접에까지 이르도록 수를 놓는 금줄과 신부의 자리에 두는 쿠션과 출입문 위의 걸기 장식에 사용되는 금테이며, 때로는 꾸란의 문구들에도 금색을 사용하기도 한다[132]. 다른 이슬람세계에서 건너온, 특히 은색 띠로 치장된 얇은 천으로 된 베일(gauze veil)과 머리스카프(룻싸리나 차도르를 의미-역주)도 환영을 받았고, 외국에서 구하기 어렵게 되자 현지에서 제작하였다.

이슬람이 엄청난 영향을 끼친 또 다른 분야는 매장 관습과 관련된 것이었다. 적어도 14세기부터 무덤은 묘비로 표시되었다. 일부 비석은 브루나이, 동부 자바, 북부 수마뜨라 등지에서 제작되었고, 나머지는 인도의 깜바이(Cambay)와 중국을 포함하는 다른 이슬람세계에서 수입된 것이었다. 말레이반도에서 바뚜 아쩨(batu Aceh, 아쩨석)로 알려진 묘비는 이슬람 동남아 전역, 즉 술루 제도, 보르네오 해안, 말레이반도를 비롯하여 자바와 수마뜨라 등 인도네시아 도서부에 이르기까지 나타난다. 이러한 모든 비석이 아쩨에서 제작된 것인지 알려져 있지 않지만, 그럴 가능성도 충분히 있다. 비석을 수입하는 관습은 말레이반도에서는 오늘날에도 이어져오고 있다.

바뚜 아쩨의 가장 초기의 것은 15세기에 제작되었고, 한 쌍의 석판으로 묘지의 앞쪽과 뒤쪽에 각각 놓였다 [135]. 흔히 묘비는 아무것도 새기지 않은 채 제작되었지만, 더 좋은 것은 양면이 조각된 것으로 보통 프레임 속에 고인의 이름과 꾸란의 인용문인 '샤하다(Shahadah, 이슬람 신앙고백)' 또는 이따금 주로 이 세상 삶의 무상함을 읊은 수피 신앙의 시구를 새겨 넣는다. 북부 수마뜨라의 빠사이(Pasai) 지역에서 발견되는 일부 비석에서는 그 섬의 현존하는 전통 조각술의 스타일을 엿볼 수 있다. 그런 초기의 묘비 중에서 가장 아름다운 것 중 하나는 1436년경 한 여성의 묘지의 것[133]으로, 앞쪽 비석은 뚜렷한

[132] 벨벳에 금색 자수와 진주가 달린 말레이의 출입문 걸기의 자세한 모습으로 천국의 꽃과 나무의 열매를 묘사하고 있다. 중부 수마뜨라.

[133] 이 묘비의 둥근 어깨와 편평한 윗면은 현대 비석의 디자인과 관련 있다. 나선 모양은 하단의 줄이나 파도 문양과 마찬가지로 이슬람 도래 이전의 예술에서 친숙한 것이다. 중앙부의 장미나 별 문양은 공간을 채우기 위해 문자를 배열하는 것처럼 이슬람 예술에서 흔히 사용된다. 북부 수마뜨라의 빠싸이 지역. 1436년 또는 1437년.

[134] 묘비의 어깨 부분에 나타나는 수방(귀걸이) 형태는 거의 수평적인 패널 속에 문자의 구획을 두는 것과 마찬가지로 바뚜 아쩨의 독특한 요소가 되었다. 이슬람 예술에서 공통적으로 발견되는 형태는 하단부의 매듭과 그 끝부분의 구름 문양이다. 북부 수마뜨라의 빠사이. 1438년.

부조로 새겨져있는데, 여기에는 나선형으로 마무리되는 부드러운 평행곡선이 정형화된 문자가 새겨진 외부 패널과 중심에 한 송이의 장미가 담겨있는 중앙 패널 및 묘비의 밑 부분을 장식한 톱니바퀴 모양의 띠를 구분하고 있다. 당시에 있어서 좀 고상한 디자인의 비석에서는 상단부의 곡선이 편평하게 마무리되었고, 각 어깨부분에는 수방(subang, '귀걸이'의 의미)이라 알려진 날개들이 장식되었다[134]. 우아하게 구성된 패널은 굵게 새겨진 나스키(Naskhi) 문자가 달려있는 듯한 긴 줄 모양에 의해 네 부분으로 나누어져있다. 그 패널 위에 아래 위가 바뀐 하트 모양의 작은 판이 더 있다. 이러한 형태의 디자인은 이 지역 외부에서 나타나는 바뚜 아쩨의 특징이다.

바뚜 아쩨의 후기 형태들은 기둥 모양으로 가공되어 윗부분에서는 바깥쪽으로 경사가 지면서 8면이 연봉우리를

[135] 북부 수마뜨라의 빠싸이 지역에서 자리한 한 공동묘지의 비석들로 한 쌍의 배치를 보여준다. 수방의 형태가 없는 이런 유형의 비석은 아쩨와 빠싸이에서 널리 보급되었고, 말레이 세계의 여러 다른 지역으로 수출되었다.

[136] 바타비아(Batavia)의 바론 반데르 카펠런(Baron van der Capellen)에게 뜨릉가누(Terengganu)의 술탄인 아흐맛(Ahmad)이 보낸 편지. 1824년 작성. 이것은 종이 위에 흑색 안료의 인장과 함께 금과 잉크로 기록되어 있다. 크기 498× 383mm.

[137] 동남아의 전통적인 이슬람 필사본에서는 인물을 거의 담고 있지 않지만, 자바는 그 예외이다. 이 장면에서 슬라라자(Selaraja) 왕자가 덩굴이 자라 몸을 휘감을 정도로 오랜 기간 황야에서 금식을 해왔던 성인 끼아이 누르 사이드(Kiai Nur Sayid)에게 경의를 표하고 있다.

닮았다. 때론 8면의 윗부분은 꽃잎의 윗면처럼 굽어져있다. 거의 모든 바뚜 아쩨는 그 디자인에서 연꽃의 모습을 품고 있는데, 동남아 예술에서 보편적으로 나타나는 예술 스타일의 혼합주의를 드러내고 있다. 장미나 덩굴 같은 모티프는 이슬람 전통에서 유래된 것 같고, 연꽃의 모티프는 아마도 천국, 영원, 통합 등을 의미하는 것 같다.

이슬람의 관념에서 가장 중요한 표현은 바로 꾸란에 있고, 나아가 꾸란을 쓰는 서예에 있다. 쓰기의 중요성은 꾸란에서 많이 강조되며, 쓰기는 성스러운 기원을 가진 것으로 생각된다. 이러한 이유로, 동남아 예술에서 이슬람을 가장 아름답게 구현하는 것은 돌이나 나무에 새기든, 천에 수를 놓거나 염색을 하든, 금속에 새기든, 아마도 가장 중요한 방법으로 종이에 잉크로 쓰든 간에 암튼 말을 묘사하는 것이다. 말레이 필사본 예술에서 가장 공들여 장식하는 작업은 가장 큰 관심을 끄는 각 장의 제목과 판권페이지(colophon)를 지닌 꾸란의 복사본 제작에 있었고 식물과 꽃의 반복되는 패턴을 담은 강한 윤곽을 지닌 프레임이 흔히 사용되었다.

현존하는 가장 오래된 말레이 필사본은 16세기 초의 것이다. 말레이어로 쓰인 아름답게 장식된 편지들은 동남아 군도 전역에서 말레이어 사용자를 포함하여 아시아 다른 지역과 유럽인들과의 의사소통을 위해 사용되었다[136]. 전통적인 말레이어 서간문 지침서인 끼땁 뜨라술(kitab terasul)은 지위나 신분에 따른 특별한 행사나 수신자들에게 적절한 주소, 문체, 어법의 형식에 있어서 관습을 적어두었다. 편지의 접는 방식과 인장의 위치 등에 대한 조언도 포함되어 있다. 하지만 편지 장식에 대해서는 정해진 규칙이 없어서 왕실 소속 서기와 서예가들은 그들 자신의 화려한 서체나 장식체를 다양하게 사용할 수 있었다.

말레이어 편지의 전통적 양식은 인도, 페르시아 및 터키의 영향을 상당히 받았다. 오스만 제국의 서예가들이 수작들이 나왔던 아쩨 왕궁에서 일했을 가능성도 있다. 페르시아의 영향은 어법과 각 페이지에서 텍스트의 배열뿐만 아니라 필사본의 미학적 차원에 있어서도 분명히 드러났다. 서예가들은 글의 마지막 줄에 빈 공간이 남지 않도록 유의하여, 추가적인 획을 넣어 공간을 메꿨다. 텍스트 공간의 비율과 여백 간의 균형도 중요해서, 종이 위에서 세 부분(접히는 부분을 기준으로,[136]을 참조할 것-역주)과 오른쪽의 여백은 크게 남겨 두었다. 글자들 중에서 오직 가장 중요한 글자만 장식을 하는데, 그 장식은 지나칠 정도로 화려했다. 이러한 장식기법에 사용되는 주요 재료로는 부와 위엄을 의미하는 금이었던 반면에, 말레이 응용예술에서 전형적인 기법인 정교한 경계선과 흩어지는 꽃문양은 흔히 사용되었던 것이다.

고도로 발달된 서예기법에도 불구하고, 말레이 필사본은 거의 자바의 필사본[137]처럼 표현하지 않는데, 자바인들은 사람의 모습을 표현하는 것을 거부하는 이슬람의 관념에 구속되지 않고 그들 텍스트는 힌두교와 세속적인 것에서 파생된 장면들과 함께 등장한다. 말레이 필사본에서는 공적 편지(chancery letters)를 예외로 하고 텍스트 그 자체를 강조하는 경향이 있다. 대개 편지에 권위를 부여하는 인장은 가장 아름다운 요소로 보통 은으로 제작된다[138]. 대부분의 말레이 왕가의 인장은 둥글지만,

뻔띠아낙(Pontianak)의 첫 세 명의 술탄의 인장처럼 형태적으로 팔각형도 있다. 둥근 형태의 인장은 종종 연꽃을 연상시키는 8개의 꽃잎 형태로 둘러싸여 있다. 통상 꽃잎은 4개, 12개 또는 16개의 꽃잎 형태가 있고, 아쩨의 인장에는 7개 또는 9개도 있다. 원의 중심에는 아쩨 술탄의 인장의 경우와 마찬가지로 일반적으로 당시 지배군주의 이름이 적혀있다. 이러한 중앙 원의 둘레에는 아쩨 인장의 경우 8개의 작은 원 안에 8명의 이전 술탄의 이름이 새겨져 있는데, 이러한 배열은 무갈제국의 왕들의 인장을 본 딴 것이었다. 인장 제작자는 이와 같은 형태의 내부나 둘레에 말레이 예술의 전형인 당초무늬와 잎문양을 새겨 넣었다.

[138] 씨악(Siak)의 술탄인 아둘 잘릴 칼릴루딘(Adhul Jalil Khaliluddin) 술탄의 인장. 1810년.

동남아의 여러 지역에서 이슬람 세력 및 말레이와 자바의 왕실에 속하는 물질문화의 품목들에 부여된 중요성에

도 불구하고, 이슬람 원리는 이 지역의 예술 작품에 항상 곧바로 반영되지는 않았다. 물질 형태에 관한 무슬림 관념의 영향은 때론 포착하기 힘들며, 이슬람은 형태 그 자체에 끼친 만큼 예술을 바라보는 관점에도 영향을 미쳤다. 새로운 물질과 기술이 다른 이슬람세계에서 유입되었지만, 이슬람의 역할은 대개 보이는 물질세계와 보이지 않는 영적세계와의 관계에 대한 해석 속에 있었다. 여기서 신의 언어의 구현을 제외하고도 가장 중요한 것은 영적세계였다.

제6장 중국의 영향

동남아와 중국과의 접촉은 비록 인도와의 접촉보다는 잘 언급되지 않았더라도 동남아 예술에 상당한 영향을 남겼다. 예를 들어 중국 양식과 개념적인 패턴은 기념비적 건축물에서 보다는 공적인 성격이 덜한 매체나 일반적으로 소규모로 생산된 작품들에서 그 명성을 떨치는 경향이 있었다. 그러나 의심할 여지없이 중국의 영향은 장기간 지속되었다. 중국의 존재는 동남아에서 3세기부터 기록되는데, 동남아가 중국과 정치적으로 중요한 관계를 유지한 것은 비록 내부적 난국으로 인해 가끔 변동이 있긴 했으나 15세기까지도 종식되지 않았다. 유럽의 진출기와 그 이전에 동남아의 많은 지배자들은 교역에 있어서 중국인 중개업자들에게 많이 의존하였다. 이들은 해외로 수출하기 위한 하천 상류 지역의 임산물들을 운송했다. 당시 많은 중국 상인들은 부를 축적했고, 그들의 건축 양식과 소유물은 수많은 현지 지배자들에게 영향을 준 것 같은데, 이는 동남아의 많은 왕실을 채웠던 용품에서 중국 양식의 증거가 나타나기 때문이다. 말레이 술탄들은 목공, 보석세공사, 칠기장과 같은 중국 장인들을 여러 차례 불러 고용하여 궁전을 장식할 고급 물품들을 만들도록 하였다. 중국인의 기술과 디자인은 현지의 전통 내로 흡수되거나 새로운 기술과 디자인으로 발전하기도 했다. 그 예로 빨렘방(Palembang) 칠

[139] 1805년에 하노이 문묘 (文廟, Temple of Literature)에 설치한 쿠에반깍(Khue Van Cac, 奎文閣)

기는 높은 품질로 유명하다.

상업적 패턴에도 중국인의 흔적이 남아있다. 중국 남부 해안 지역 출신의 상인들은 그들의 관념과 관습을 특히 도서부 동남아에 근대기까지 지속적으로 도입했다. 여기에는 앞장에서 언급했던 이슬람 예술의 일부 측면들을 포함하고 있다. 특히 청대(1644-1911)에 동남아로의 직접적인 이주로 인하여 상당수의 중국인 소수종족 공동체가 형성되었다. 초기에 동남아의 해안 마을에 등장한 수많은 중국인 공동체에 거주했던 남성 정착민들은 결혼을 통해 현지인 사회로 동화되는 경향이 있었다. 이것은 물질적 측면이나 사회적 측면 모두에서 문화적 유형이 서로 혼합되는 결과를 낳았다. 따라서 중국적 요소는 송종 초기에 혼성을 보이다가 나중에는 새로운 형태로 표현된다. 싱가포르, 뻬낭(Penang), 말라까(Malacca) 등 해협식민지 같은 곳에서는 최근 중국에서 새로 이주해 온 사람들이 고국의 문화를 더욱 유지하려고 하는 경향이 뚜렷하며, 이러한 지역의 오래된 건물이나 여러 문화적 공예품은 뚜렷하게 중국적인 특징을 유지하고 있다.

중국과 동남아 지역 사이에는 종족적으로도 연관성이 있다. 흐몽족(Hmong), 샨족(Shan), 타이족(Thai)과 같은 집단은 중국과 접한 북부 국경지대를 따라 동남아 지역으로 이주해 온 이들의 후손들로, 남서부 중국 지역의 종족집단과 문화적 유산을 공유한다. 이러한 이유 때문에 동남아 예술과 중국인의 예술작품에서 나타나는 모티프와 문양 간에도 어떤 유사성이 존재한다.

그럼에도 불구하고, 중국 예술의 영향은 확실히 그런 문화적 공유유산과는 별개의 것으로 볼 수 있다. 그 영향의 시작은 청동기시대까지 거슬러 올라가며, 후주(後周, 기원전 1027년-서기 221년)의 양식과 모티프는 동남아의 일부 예술 작품에서 살펴볼 수 있다. 예를 들어 중국 윈난에서 광범위하게 발견되고 있는 동썬(Dong Son)북은 광역적인 전통 중의 한 부분이라 할 수 있다. 동남아의 대부분 지역에 대해 중국은 영토적인 야심보다는 상업적 욕망에 보다 초점을 맞추어 관여했으며, 예술에 미친 영향은 정치적 정복보다는 경제적 교환관계의 결과였다. 기원전 111년부터 서기 979년까지 중국의 직접적인 지배를 받은 베트남은 여기서 제외된다. 그럼에도 불구하고 초기에는 북쪽의 강력한 중국과 인접한 동남아 대부분 지역의 지배자들의 태도는 복종의 경향이 짙었다. 중국연대기에는 동남아 또는 난양(Nanyang, 南洋)에서 파견된 사신들이 3세기경 중국 왕실에 교역품 및 공물을 가져왔으며, 5세기경에는 동남아의 다양한 지역으로 많은 수의 중국인 사절단이 보내졌다고 기록한다. 도자기와 비단 같은 중국산 사치품들은 도서부 동남아의 밀림에서 산출되는 상아와 깃털, 염료 및 향목(香木) 등과 교환되었다. 중국 궁전의 화려함이 동남아 사람들에게 강력한 인상을 주었지만, 동남아에 좀 더 오랫동안 지속되는 문화적 유산을 남긴 것은 다름 아닌 다량의 교역상품이었다. 이들 가운데 가장 중요한 것은 도자기였다.

동한(東漢, 서기 25-220년) 시대의 중국도자기 파편들이 도서부 동남아의 무덤에서 발견된다. 접시, 타일, 소형 조각상, 합(盒) 등의 다양한 물품은 동남아의 부유층의 가정생활과 건축물에 미친 중국의 지대한 문화적

영향을 보여준다. 이러한 현상은 광범위한 지역에 걸쳐 나타난다. 동남아에서 당대와 송대의 도자기가 상당량 발견되는데, 이것은 양 지역 간의 활발한 상업적 관계를 말해준다. 이러한 일부 도자기의 형태와 장식 요소가 현지 기호에 맞게 변형되었고, 중국적 양식도 동남아 현지의 제품에 모방되었다. 예를 들어, 끈디(kendi)로 알려진 주둥이가 달린 물병의 형태는 중국 수입품의 영향을 받았다[140].

중국 도자기의 제작기술과 재료도 동남아 도공들이 채택하게 되었다. 예를 들어, 타이족 수코타이(Sukhothai) 왕국의 새로운 번조(燔造) 및 유약 기법은 의심할 여지없이 중국에 기원을 두고 있는 모티프와 함께 14세기 초에 등장하였다. 이러한 기술은 중국 왕실에 공물을 바치고 수코타이로 돌아온 사신들과 함께 온 중

[140] 연꽃과 연잎. 불타는 진주 및 국화로 장식된 끈디라 불리는 청화백자. 베트남 학박(Hac Bac). 1500년. 높이 120mm.

[141] 수코타이 청자. 황록색 유약이 칠해진 도자기로, 중국 영향으로 보이는 어깨부분의 깃 모양의 구름문양을 비롯하여 그 아래 물결모양의 띠 및 하단에 수직선이 있다. 15세기. 높이 157mm.

국 장인들로부터 배웠을 가능성이 높다. 이 시기에 수코 타이와 사완칼록(Sawankhalok)에서 생산된 도자기에 나타나는 채색 양식은, 밝은 바탕에 붓으로 그린 검은 필획과 함께, 북부 중국에서 내수용 채색 도자기의 양식 을 모방한 것이다. 하지만, 그 양식은 복제되었더라도, 태국 도자기들은 중국과 같이 코발트가 아닌 산화철로 밑그림을 그렸다. 이는 만약 여기에 중국의 직접적 영향 이 있었다면, 그것은 14세기 이전에 일어났다는 점을 시 사한다. 코발트로 장식을 하는 것은 중국 원대와 명대 말에 주로 무역도자기의 생산에 이용되었다. 이와 유사 한 영향이 안남(Annam) 지역에서 생산된 도자기 제작 에 있었던 것으로 보인다. 이것은 아마도 수코타이와 안 남 사이의 접촉에 의하여 이루어진 것으로 여겨지지만, 아마도 중국인 상인이 태국과 안남 지역에 동시에 도착

해서 이루어졌을 가능성이 좀 더 커 보인다. 그럼에도 불구하고, 이러한 도자기 생산지에서는 흔히 독특한 현지 양식이 채택되었다. 예를 들어, 선조의 영전에 봉헌하기 위하여 사완칼록의 도공이 제작한 인간과 동물의 축소 형상은 틀림없는 현지 고유의 양식이다[142].

이 시기의 크메르 도자기는 대체로 중국도자기의 영향을 훨씬 덜 받았으나 그럼에도 상당한 양의 도자기가 수입되었다. 현지에서 생산된 토기 항아리는 요리를 하는 데 사용되었다. 그러나 유약을 바른 도자기의 자체 생산은 제한적이었다. 가장 잘 알려져 있는 것은 베텔의 주요 성분 중의 하나인 석회를 보관하는 함이다. 캄보디아에서 이러한 석회함은 부엉이나 코끼리 등과 같은 새나 동물의 형태로 만들어졌다[143]. 크메르 도공들 역시 종

[142] 부채를 들고 있는 미망인, 아이를 안고 있는 부인, 항아리를 들고 있는 하인, 그리고 하녀를 묘사한 사완칼록 청자 인물상. 인물의 입 안에 씹는담배인 베텔(구장나무의 잎에 빈랑 열매 조각과 석회, 향료 등을 넣어 싼 것-역주)을 눈여겨보라. 높이 81-115mm.

교용 그릇, 소형 조각상, 타일이나 건축물의 꼭대기 장식과 같은 건축자재, 집안에서 사용하기 위한 물품 등을 제작하였다. 대부분은 거친 점토로 만들어졌고 옅은 갈색이나 녹색의 유약이 발라져 있다.

　동남아에 도입된 중국 도자기의 요소 중에서 가장 인상적인 것은 청자 유약으로, 이는 원래 녹색이나 가마에 구워 녹게 되면 회색이나 푸른색 색조를 띤다[141]. 청자는 10세기 이후 중국 도자기의 특색이 되었지만, 태국 도자기에서는 청자기법이 13세기에 처음으로 사완칼록에 등장했다. 이 시기에 베트남 도공이 태국으로 들어간 것으로 보이나, 청자는 중국 도공들이 가지고 왔을 가능성이 높다. 태국의 청자는 동부 중국의 절강성의 청자와는 다른데, 유약이 얇게 발라져있고 잘 부서지며 표면의 광택이 덜하다. 사완칼록 청자의 장식은 주로 유약을 바르기 전에 칼로 도자기 표면에 문양을 새겨서 만들었다. 모티프는 중국 문양을 반영하였는데, 가령 모란과 국화 문양은 대중적으로 인기가 있었고, 마무리 부분의 가장자리는 주로 연꽃잎의 형태를 띠었다.

[143] 앙코르 시대부터 제작된 크메르 양식의 석회 보관용 항아리: 갈색 유약의 미소 짓는 토끼(왼쪽)와 고양이(가운데) 및 담녹색 유약의 고양이(오른쪽). 높이 각각 120mm, 100mm, 95mm.

건축에서 도자기 사용은 거의 같은 시기에 수코타이에서 시작된 것으로 보인다[144]. 캄보디아의 요지에서 13세기에 작은 건축용 자재가 제작되긴 했지만, 건축에서 도자기를 사용한 것 역시 중국에서 전래된 것 같다. 북중부 태국에 사암이 없다는 사실이 도자기를 건축의 치장 요소로 개발하게 된 요인이 되었을 것이다. 특히 수호신상의 자유로운 자세의 입상, 용마루널 장식(finials), 대접받침(ridge caps), 지붕 지지대 등이 도자기로 만들어졌다. 이러한 건축자재의 일부는 상당히 큰 것이어서 높은 온도에서 도자기를 굽는 태국 도공들의

[144] 사완칼록에서 출토된 나가(naga) 모양의 지붕꼭대기 장식으로 갈색과 흰색 유약이 발라져있다. 수코타이 시대 제작. 높이 667mm.

기술력을 입증하는 것이다. 그것은 크림색과 녹색 유약으로 마무리되었고, 일부의 표면에는 꽃문양을 새기거나 그려 넣었다.

베트남의 도자기는 기원전 1세기부터 서기 10세기까지의 중국 식민지배기 동안 중국 양식의 영향을 가장 뚜렷하게 받았다. 그렇지만, 차이점은 있었다. 베트남인들이 주검과 함께 작은 부장품을 넣는 중국식 매장관습을 받아들였지만, 중국의 관습처럼 도자기 인물상은 포함하지 않았다. 베트남인들은 기원전 1세기에 도자기에 유약을 바르기 시작했지만, 그들이 사용한 유약은 중국에서 사용된 녹색이나 금색 대신에 크림색 빛깔이 도는 백색이나 녹색 반점이 띄는 상아색이었다. 또 다른 차이는 중국 양식과 비교해서 베트남 도자기는 좀 더 현저히 드러나는 다리를 가지고 있다. 그러나 중국과 베트남에서 공통적으로 볼 수 있는 용기로는 두 개의 귀를 가진 작은 크기의 컵이 있는데, 형태가 유사한 점에서 긴밀한 문화교류의 증거가 되고 있다.

1009년에 중국의 베트남(당시에는 다이비엣(Dai Viet, 大越)으로 알려짐) 지배를 회복시킨 리조(Ly dynasty) 시대에 제작했던 틀로 찍어낸 접시는 현지의 은제품 양식 및 중국 양식의 영향을 보여준다. 이 시기에 베트남에서 제작된 갈색과 크림색의 도자기[145]는 중국 도자기의 영향을 받았지만, 항아리의 형태와 장식은 분명하게 베트남의 것이다. 모티프는 당시 중국과 달리 당초무늬를 포함하고 있다. 항아리에는 종종 전형적인 회색(putty colour)을 띠는 흙을 사용하였고, 위쪽 테두리 아래에 바깥으로 벌어진 연꽃잎 형태의 '깃

[145] 베트남 탄호아(Thanh Hoa)의 뚜껑이 달린 흰색유약의 항아리. 윗부분의 가장 자리는 틀로 찍은 연꽃잎으로 장식된 반면, 뚜껑과 몸통은 음각으로 잎 모양을 새겨서 산화철의 갈색 안료를 발라 문양을 강조했다. 9–10세기. 195mm.

(collars)'이 있다. 베트남 항아리의 곧은 측면과 벌어진 형태는 당시 중국 도자기의 특징은 아니다.

11세기와 14세기 사이에 베트남 도공은 여러 종류의 '흑유(black)' 도자기를 생산하고 있었다. 이 흑유 도자기는 검정색에서 담황색(straw)에 이르는 다양한 색상을 내기 위해 비율을 조정했던 철분이 함유된 유약을 사용했다. 이들 중 일부는 중국이나 크메르 도자기로부터 파생된 것으로 생각되지만, 어떤 것은 양식상으로 분명히 현지의 것이었다. 전형적인 베트남의 흑유 도자기는 담황색과 검정색을 만드는데 필요한 철분(산화철)의 중간 수준을 사용하여 엷은 녹색을 지녔다. 또 다른 유형으로는 착색제로 구리를 넣어 철 또는 납 성분의 유약을 사용하여 선명한 녹색을 띠는 흑유 도자기가 있다.

베트남인들은 쩐조(Tran dynasty)의 시대인 14세기 초기부터 다이비엣을 넘어 수출을 하기 시작했다. 이 시기부터 베트남 도자기는 인도네시아 및 필리핀에서 발견되고 있다. 다양한 장식이 사용되었다. 그 중 하나는 음각의 모티프를 사용하였다. 다른 것은 갈색의 효과를 내기 위하여 유약을 바르기 전에 산화철을 사용했다. 13세기 말경에는 유약을 바르기 전 코발트를 사용한 파란색이 등장하여 14세기와 15세기에 수출되었던 다양한 종류의 도자기 제작에 사용되었다. 15세기 베트남에서는 선명한 파란색 도자기가 다른 동남아 지역으로 수출하기 위하여 처음으로 생산되었다. 이 당시 베트남 요지에서 생산된 끈디는 긴 주둥이와 압축된 듯한 몸체를 띠고 있어 형태적으로 중국의 것과는 달랐다.

15세기 중엽 베트남 도공들은 중국 명 황제의 해금정책에 편승하여 도자기 무역의 치열한 경쟁에 돌입하였다. 베트남의 가장 훌륭한 청화백자가 생산된 것은 바로 이 시기이며, 인도네시아와 필리핀으로 선적하기 위하여 대량으로 제작되었다[146]. 연적과 왕실관리의 인물상도 유약을 바르지 않은 초벌상태의 도판 및 빨간색, 노란색, 녹색의 색회(enamelled) 자기와 함께 배에 선적되었다. 무역은 16세기까지 지속되었으며, 일부 상품은 하노이에 있는 네덜란드 동인도회사를 통하여 유럽의 왕실로 전해졌

다. 내수용 도자기에는 초벌 도판에 파란색 유약 및 크림색과 녹색의 유약을 각각 결합시킨 제단 용품이 여기에 포함되었다. 베트남 도자기는 번성하였고 오늘날에도 계속 생산되고 있다.

도자기의 요소들은 중국의 영향이 강하게 미친 동남아 건축에서도 사용되었다. 예를 들어, 인도네시아에서 많이 볼 수 있는 중국 사원들은 중국 본토에서 발견되는 것들과 거의 동일하게 건축되었고, 수마뜨라(Sumatra), 발리(Bali) 및 자바(Java)의 북쪽 해안을 따라 발견되는 중국 사원의 지붕에 도자기가 장식되었다 [147]. 반뜬(Banten), 드막(Demak), 꾸두스(Kudus), 즈빠라(Jepara), 찌르본(Cirebon), 뚜반(Tuban)과 같은 마을에 건축된 초기 이슬람식 건축물에 중국의 도상이 혼합되어 있는 것은 15세기 말 이후부터 자바에 중국

[146] 15세기 중엽 하노이에서 수출된 베트남 청화백자로 여기에 포함된 디자인은 중국 무역도자기에서 나타나는 디자인을 재현한 것이다. 물고기, 수초, 모란꽃 문양뿐만 아니라 접시 가장자리의 구름문양도 모두 중국의 것에서 파생되었다. 지름 380mm.

[147] 중국식 사원의 지붕 끝. 자바의 쁘깔롱안(Pekalongan).

[148] 자바 서부 찌르본 까스뿌한 끄라똔(Cirebon Kasepuhan Kraton) 입구의 구름 모티프.

인 무슬림들이 등장했다는 점을 입증하고 있으며, 이들의 등장은 궁전 건축에도 지대한 영향을 남겼다. 찌르본(Cirebon)의 까스뿌한 끄라똔(Kasepuhan kraton)에 있는 왕궁의 출입문에 나타나는 구름문양과 17세기 마두라(Madura)의 쑤므늡(Sumenep)의 통치자 묘지에 나타나는 목조판은 순전히 중국의 것이다[148]. 동부 수마뜨라의 빨렘방(Palembang)과 잠비(Jambi) 및 북부 자바의 해안과 발리에 걸쳐 형성된 중심지에서 19세기

에 제작된 목재조각 양식도 남부 중국의 양식을 재현한 것으로, 특히 붉은색의 칠(漆)과 금박을 입힌 가구와 기타 물품에서 이러한 양식은 두드러진다.

동남아에서 칠기 전통은 거의 분명하게 3천년 정도 거슬러 올라가는 중국의 칠기와 예술에서 파생되었다. 미얀마에서 발견되는 최초의 칠기가 13세기부터 존재한다 하더라도, 칠기가 쀼족(Pyu) 사원에서 초기에 제작된 증거가 있다. 칠기의 전통은 중국 한(漢)대에서 직접 전해졌다기보다는 윈난에 거주하는 종족집단과의 접촉을 통해 도입된 것 같다. 이러한 사실은 태국이나 라오스에서 그 흔적을 찾아볼 수 없는 틀로 제작되는 건칠에 있어서는 적용되지 않는 것 같다. 미얀마에서는 20세기 초까지 칠기를 사용하여 불상의 제작이 이루어졌다.

칠기의 양식은 지역에 따라 다르다. 미얀마에서 융(yun)[149]으로 알려진 가장 독특한 형태는 칠기의 표면에 세공침을 이용해 음각으로 새긴 문양 안에 색을 입히는 기법으로 제작한 것이다. 칠기의 표면은 갈색이나 검정색, 붉은색을 띠는 반면, 이 제작기술은 붉은색, 녹색, 주황색의 장식을 가능하게 한다. 태국에서는 칠기를 장식하는데 금박을 사용하는 것이 좀 더 보편적이며, 특히 금박 기법이 적용된 칠기는 불교 의식에서 널리 사용된다. 불상이나 다른 종교적 기물에 금박을 입히는 것은 공덕을 축적하는 방법으로 널리 수행되었다. 태국과 미얀마의 칠기는 유리 상감기법으로도 장식이 되는데, 이 기술은 양국에서 18세기에 보편적으로 사용되었다.

중국의 영향을 받은 표면장식의 또 다른 기술은 다양한 용기를 장식하는데 있어서 자개(mother-of-pearl)

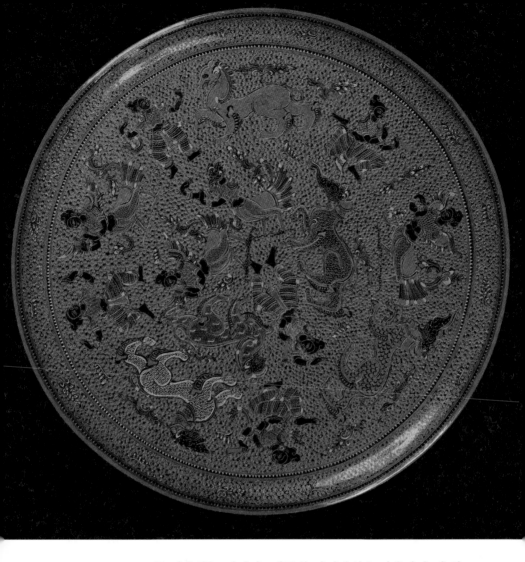

[149] 미얀마의 융(Yun) 기법으로 제작된 칠기 쟁반으로 붉은 칠기의 바탕 위에 녹색, 황색, 검정색으로 새김 장식이 더해져있다. 모티프는 음악가, 신화적 동물, 끼나리(Kinaree)라는 반인반조(半人半鳥)를 포함하고 있다. 지름 418mm.

를 사용하는 것이다. 태국의 나전장식은 아웃타야 및 방콕 왕조시대와 관계가 있다. 이 시기에 나전장식은 문, 가구 및 봉헌용 용기 등의 표면에 옻칠과 함께 적용되었다. 그러나 기술과 재료는 중국에서 사용한 것과 다르다. 그것은 아마도 태국 장인들이 중국식 제작 과정을 접하지 않고 처음부터 완성된 제품을 접하여 그들 스스로 제작 과정을 찾으려는 노력에서 비롯된 것 같다. 태

국에서는 오목한 터번 형태의 조개를 잘라 만든 장식을
제품 표면에 붙이고 문양과 문양 사이의 공간은 끈적끈
적한 검은 락(lac)으로 채운다. 중국에서는 조개가 아주
얇아 잘 부서져, 제품 표면에 새겨진 문양에 맞게 가공
하여 넣는다. 그 다음 칠을 바르나 태국 것보다 훨씬 적
은 양이 사용된다. 이는 칠을 채울 공간이 태국의 것에
비해 훨씬 작기 때문이다. 가장 아름다운 태국 나전칠기
작품의 한 예는 아웃타야에 있던 보롬붓타람 사원(Wat
Borom Buddharam)의 문들이며 아웃타야가 파괴된 이
후에 방콕으로 옮겨졌다. 비슷한 품질의 작품은 부처의
발자국을 묘사한 두 개의 나전칠기로, 이중 하나는 방콕
의 쩨뚜뽄 사원(Wat Chetupon)에 안치된 와불상의 발
에 있고, 다른 하나는 예전에 치앙마이에 있는 프라싱
사원(Wat Phra Singh)에 있었다가 현재는 인근 박물관
에 소장되어 있다.

　천년에 걸친 중국의 직접적인 지배로 인해 베트남 건
축에도 중국의 영향이 상당히 미쳤다. 10세기 베트남이
독립하기 이전에 지어진 건축물은 대부분 목조로 지어
졌기 때문에 현재는 거의 남아있지 않다. 중국의 영향은
비교적 최근의 건물들, 특히 궁궐과 묘에서 분명하게 나
타나는데, 여기서 발견되는 대부분의 예술용어들은 중
국어로 쓰여 있다. 심지어 주로 토착적 양식으로 지어진
딘(dinh)이라고 하는 공동회관에서도 중국적 영향을 볼
수 있다[150]. 전통적으로 황제가 마을에 딘을 세울 수
있는 권한을 부여한다. 황제는 설립허가서와 수호신의
형상을 하사하고 이 두 가지는 딘에 안치되었다. 이러한
제도는 중국으로부터 독립한 이후에도 지속되었다. 기

둥으로 받친 넓은 지붕처럼 수평적 특징을 강조하는 것
과 마찬가지로 건물이 남북방향을 향하는 경향도 중국
적인 특징이다. 그러나 건물에 비해 지붕이 큰 것은 중
국적인 특징이라기보다는 토착적인 요소이며, 지붕 끝
이 구부러진 형태 역시 그 기원은 지역에 있다. 전통적
인 딘은 기둥을 세우고 그 위에 건물을 짓는데, 이것은
베트남의 모든 건물들이 대개 중국식으로 땅 위에 짓는
방법과는 다르다.

가장 초기의 건축물 중 하나로 베트남에 현재까
지 남아있는 것은 하노이에 있는 문묘(文廟, Temple
of Literature)이다. 이 문묘는 리타인똥(Ly Thanh
Tong) 황제가 11세기에 건축하여 후대에도 여러 번 확
장 및 개축되었다[139]. 이 대형 건축물에는 노인에 대
한 공경과 국가에 대한 충성을 강조하는 가부장적인 도
덕론과 같은 유교의 몇몇 핵심요소들이 표현되었다.
문묘에는 과거시험에서 합격한 사람들의 이름을 새겨

[150] 하노이 인근 딘방
(Dinh Bang) 마을에 재건축
된 딘. 유사한 구조의 건물
이 초기 동썬 청동북의 장식
문양에 나타난다. 이것은 중
국 영향과 관계없이 그 형태
가 유지되어 온 것처럼 보인
다. 그러나 딘의 기능 및 딘
을 만들 수 있는 권한은 중
국의 행정 및 종교적 관행과
밀접하게 연관되어 있다.

서 거북(중국에서 장수(長壽)를 상징함) 모형조각의 등 위에 세워둔 일련의 비석들이 다섯 개의 안뜰 중 한곳에 자리하고 있다. 나지막한 건물 안에 있는 이 비석들은 조화 및 일련의 순서에 입각한 중국의 미학적 원리와 관행에 따라 남북을 축으로 배열되어 있다. 이와 유사한 미학적 감각은 쭈어못꽃(Chua Mot Cot, 一柱寺) 사원에서도 찾아볼 수 있다. 쭈어못꽃 사원 역시 11세기에 리타인똥 황제가 하노이에 설립한 것으로 이후에 개축되었다[151]. 백합이 피어있는 연못 위에 세워진 이 독특한 형태의 사원은 불순과 슬픔의 바다에서 자생하는 연꽃을 상징한다. 도자기로 만들어진 용의 모형이 부드러운 곡선을 지닌 지붕을 따라 나열되어 사원과 천국을 연결하는 역할을 한다.

[151] 하노이에 있는 11세기에 건축된 쭈어못꽃 사원.

수많은 베트남 초기 궁궐들이 파괴되었을지라도 19

세기에 지어져 남아있는 궁궐은 명백히 중국의 모델에서 영감을 받아 건축한 것들이다. 베트남의 궁전 건축에서 중국적 원리가 두드러지게 나타났다. 건축물들은 가끔 들쑥날쑥하지만 사각형의 지면을 계획해서 세워졌고, 건물의 주변을 동심원의 벽들로 에워쌌으며, 각각의 벽들 사이의 안뜰은 남북 방향으로 연결했다. 지붕은 평평한 타일로 덮거나 중국의 영향이 특별히 강했을 때에는 중국 양식의 반원형 타일로 덮었다. 후에(Hue) 인근의 흐엉(Perfume, Huong)강을 따라 지어진 응우옌 왕조(1802-1995)의 능에는 동물과 관리의 형상이 열을 지어 늘어서서 용의 계단 및 정령의 길과 연결되어 있는데 이것 역시 유사하게도 중국의 전통을 보여준다[152].

베트남 무역협회의 회관과 사원은 중국인 이민자들이

[152] 후에(Hue)의 흐엉 강에서 상류 쪽으로 2-3km 떨어져 있는 곳에 위치한 카이딘(Khai Dinh) 황제의 중심주(中心柱)가 안치된 팔각정의 모습. 조정(朝廷)에는 코끼리, 말, 고위관료의 모형이 나열되어 있으며 이것은 고대 중국의 묘에서 모방한 것이다.

[153] 베트남 냐짱(Nha Trang)에 있는 한 사원의 바깥벽에 표현된 낄린(qilin)의 모습. 낄린은 도자기 파편인 지안니안을 이용해 만들어졌다. 낄린은 중국에서 전통적으로 장수와 행복을 상징하는 것으로 비늘과 말굽, 그리고 한 개의 뿔을 가지고 있다.

정착했던 동남아의 다른 여러 지역과 마찬가지로 그 공간의 구조나 배열뿐만 아니라 장식적인 특징도 중국적 모델에 따랐다. 성스러운 동물이나 여러 다른 모티프를 표현하기 위하여 지안니안(jian nian)이라 일컫는 도자기 파편을 붙여서 다채로운 색깔의 모자이크로 장식한 지붕은 이주해 온 중국인 공동체에서 볼 수 있는 특징이었다. 이 도자기 조각들은 주로 중국 공장에서 수입해 온 것이다[153].

베트남에서 예술적 개념에 영향을 미친 중국의 또 다른 사상은 대승불교로, 여기에는 보살(bodhisattva)과 아라한(saint)이 중요한 역할을 한다. 특별히 중요한 개념은 관음보살(avalokiteshvara)로 중국에서는 꽌인(Goddess of Mercy Kuan Yin)으로 해석되고 베트남에서는 꽌암(Quan Am, 관세음보살)으로 알려져

있다[155]. 신의 화신으로서 특히 불임에 대한 신의 동정과 도움을 베푼다는 여신상이 셀 수도 없이 등장해 베트남의 지배적인 불상의 이미지가 되었다. 목각과 조소에서 중국적 전통보다는 동남아 여러 지역에서 나타나는 양식이 좀 더 보편적이었음에도 불구하고, 불상 자체에도 중국적 해석의 영향이 나타났다. 불교식 건축물에도 중국양식을 그대로 재현되었다. 17세기에 후에 근교에 건축된 린무(Linh Mu) 사원은 중국의 오래된 다층 탑[154]을 연상하게 하는 행복과 자비의 7층탑이 19세기 중엽에 추가되면서 더욱 유명하게 되었다. 각 층마다 각기 다른 붓다의 재단이 놓여있다.

불교적 도상학의 요소는 다른 동남아 예술전통에도 존재하는 것만큼 베트남에도 널리 성행하고 있으나, 이들 요소의 사용은 함축적인 측면보다는 장식적 측면이 크다. 인도에 그 기원을 두는 8개의 불교적 상징은 중국의 영향 하에서 거의 정형화 되었다. 연꽃, 법륜, 꽃병, 법라, 끝없는 매듭, 쌍어, 황실천개, 의례용 우산은 여전히 도처에서 쉽게 볼 수 있지만, 현대 베트남에서 이 상징물들은 특별히 불교 사상을 나타내는 것이라기보다는 행운을 의미하는 것처럼 보인다.

도교의 우주관도 베트남에 전파되었다. 이 우주관의 중심에는 당대이후 계속해서 우주의 기본 요소이고 방향을 상징하는 팔괘의 중심에 표현된 음과 양의 균형잡힌 대비가 있다. 부가해서 그들이 가진 속성에 의해 구분되는 불멸의 도인 8인은 비록 그들의 이야기가 대부분 잊혀졌지만 많은 베트남 예술에서 소재가 되었다.

[155] 자비의 여신인 꽌암은 베트남 대승불교에서 핵심적인 역할을 하고 있다. 여기에는 천개의 눈과 팔을 지닌 관음보살로 나타난다. 17세기 베트남 박닌(Bac Ninh)성에 있는 붓탑(But Thap) 닌푹(Ninh Phuc) 사원.

[156] 수를 놓은 제단용 천의 위쪽 면에 묘사된 8명의 똑위(tok wie)로 불리는 불멸의 도인. 6명의 남자와 2명의 여자는 각자 그들의 여정에서 다채로운 모험을 경험하고 도교적 원리를 실천함으로써 영생을 얻었다. 이들은 이 지역에 있는 중국 예술품에서 자주 등장하며, 각각의 특성을 통해 구별된다. 아래의 세 명의 인물은 장수, 번영, 행복의 화신이다. 말레이시아 뻬낭의 조지타운.

또한 베트남에서 중국에 그 기원을 둔 세 명의 인물이 널리 묘사되고 있는데, 이들은 베트남에서 푹(phuc), 록(Loc), 토(Tho)로 알려져 있으며 각각 번영, 행복, 장수를 상징한다. 이 인물들 역시 도상학적 속성에 의해 규정된다[156]. 장수에 대한 열망은 도교 사상의 핵심으로, 이것이 베트남 예술에 미친 영향은 두 가지 측면에서 살펴볼 수 있다. 하나는 질병과 불운을 물리쳐서 일찍 사망에 이르는 것을 방지하도록 고안된 부적의 유행이다. 다른 하나는 돌을 깎아 만든 거북상과 같이 장수를 의미하는 여러 상징물들이다. 베트남과 중국에서 거북상 등에는 석판이 추도의 구도로 실려져있다. 석판

에는 그들이 기리는 사람들의 삶을 회고하는 명문이 새겨져있다.

베트남 예술에서 중국의 영향을 찾아볼 수 있을지라도, 동남아의 다른 지역에서 나타나는 중국의 영향은 대부분이 중국인 이주민들의 정착지에 국한한다. 19세기 초 영국해협식민지가 건설된 이후 말레이 반도에 유입되었던 중국인들 사이에서 혼합문화가 등장했는데, 남성은 조상숭배, 가족연대, 상업적 조합과 같은 중국문화의 요소를 유지한 반면, 여성은 비록 중국의 관념과 관습의 영향을 받았을지라도 말레이 관습 및 물질문화에 혼합되었다. 중국적 영향이 가장 두드러진 분야는 건축으로 중국적 사상과 장식이 지배적으로 적용되었다. 해협에 위치한 중국인 공동체에서 부유한 사람의 집은 중앙에 공기가 순환하도록 만든 통풍 공간을 두어서 풍수의 원리를 따랐다. 바깥 현관의 중앙 출입구를 향해 가족의 수호신을 모시는 가정 제단이 마련되어 있다. 이 제단은 때로는 티크로 대체되기도 했지만 전통적으로는 중국의 흑목으로 만들어졌다. 앞쪽 현관 뒤에는 조상의 공간으로, 여기에는 조상의 형상을 보관하는 또 다른 제단[157]이 마련되어 있다. 이 제단에는 남성 선조의 이미지가 비치되어 있는 중국의 것과는 달리, 여성 선조의 이미지가 안치되어 있다. 이 두 제단에 안치된 인물상을 치장하는 장신구는 종종 중국으로부터 수입되었다.

해협정착민들 사이에서 발전한 혼합문화는 이른 시기에 그 기원을 두고 있다. 증기 선박의 도입에 앞서 중국인 상인들은 무역풍의 방향 때문에 그 해 대부분의 시

간을 동남아에서 보낼 수밖에 없었고, 이들 중 많은 사람들이 현지에서 결혼했다. 수많은 중국인들은 그들 본토의 문화를 버리고 말레이 언어와 문화관습, 예술양식을 취했다. 그럼에도 불구하고 중국의 사상과 모티프는 이러한 경로를 통해 말레이 예술용어에 반영되었다. 행운과 번영, 행복의 상징과 도상학적 요소는 결혼과 같은 통과의례와 관계된 품목들과 결합하였다. 그래서 자바 북쪽해안에서 생산되었던 바띡은 용(남아용)이나 봉황(여아용)과 같은 성스러운 상징물을 포함하고 있다. 낄린(qilin)이라 부르는 유니콘은 지혜, 정의, 성공을 상징한다. 원래 만(萬)과 풍요와 다산을 의미하는 중국어의 단어와 동음이의어에서 유래된 상징인 스와스띠까(swastika)는 배경을 채우는 모티프로 종종 등장한다 [158]. 중국 신화에서 파생된 이 상징물의 대부분은 동남

아에서 일반적으로 행운을 나타내며 각 상징체가 지니는 특정의 논리나 의미들은 대부분 잊혀졌다. 그러나 이 상징들은 물고기나 개의 형태를 한 사자, 박쥐 및 다채로운 색상과 화려한 디자인의 사롱(sarong)과 어깨끈, 아기포대의 문양에서 나타나는 흩날리는 국화 등에 남아있다. 이러한 상징들은 단지 중국인 집단의 작품에서만 나타나는 것이 아니라 스스로 제품을 제작하는 가운데 이 상징들을 수용하고 재해석했던 이웃집단에서도 나타난다.

20세기 전반 자바의 북부 해안의 바띡에 사용된 색상도 멀리 떨어져있는 도서 지역의 것보다는 중국 양식에 더 가까운 것으로, 여전히 중부 자바에서 고수하고 있는 고전적 왕실 양식인 탁한 갈색과 진한 파란색을 바탕으로 한 밝은 파스텔풍의 색조를 선호한다. 이와 유사하게 녹색, 노란색, 핑크색의 선호는 해협 지역에 거주하는 중국인들이 좋아하는 도자기에 반영되었다[159]. 논야 도자기(Nyonyaware)로 알려진 이것은 중국 복건성의 아모이(Amoy, 廈門) 인근에 위치한 더후아(Dehua, 德化) 지역에 그 기원을 두고 있는 것 같긴 하나, 중국 왕실의 자기 공장이 설립되었던 강서(Jianxi)성의 경덕진(Jingdezhen)에서 제작된 것으로 전해진다. 도자기의 양식은 동남아 중국인의 기호에 맞게 도안되었긴 하지만, 백색의 표면을 덮는 화려한 색상의 장식은 바띡과 마찬가지로 중국 전통의 길상문양을 사용했다.

중국 출신의 동남아인들은 그들만의 장식예술을 발명했다. 결혼 예복(trappings)은 중국에서 많이 들여오긴 했어도, 경제적 여유가 있는 신부는 혼수에 쓸 옷감에 수를 놓았다. 자수 장식품에 사용되는 바늘땀은 중국에서

[159] 보통 황동으로 만
든 고리모양의 손잡이
가 양쪽에 달려있는 깜쳉
(kamcheng) 도자기의 모
습. 뚜껑의 중앙에는 개의
형태를 한 사자 모형 장식이
있다. 창형(窓形) 안에 서있
는 봉황과 모란은 논야 도자
기 및 중국 해안지방 도자기
의 전형적인 특징이다.

온 기술로 혼숫감에 적용되는 자수 장식에는 공단을 이
용한 바늘땀으로 광택이 죽은 곳을 메우고, 촘촘한 직물
이나 깊고 풍부한 색감이 있는 곳은 쪼기매듭(Pecking
knot) 기법을 사용했다. 섬세한 구슬세공은 이 집단의
여성이 이루어낸 또 하나의 공로로 이것은 신부와 신랑
의 슬리퍼를 장식하는데 주로 사용되었다. 은기(銀器)와
금 및 보석은 가끔 다른 종족에게 주문하였는데[160], 예
를 들어 일부 가정에서는 싱할족(Singhalese) 보석세공

업자가 만든 디자인을 갖고 있었다. 태국과 인도네시아의 은세공품은 일반적으로 중국 사회에서 사용되었다. 그러나 동남아에도 중국인 금은세공사가 있었는데 그들은 재빠르게 현지 장인의 양식을 수용했다. 주로 엠보싱(embossing, repoussé)과 타출(granulation)과 같은 조금(彫金) 방법을 사용하는 동남아의 기술과 양식은 중국의 것과는 다르다. 당초문양과 설화 장면, 십이궁도(zodiac)와 같은 길상문양을 채워 넣는 등 돋음장식을 주로 적용하는 동남아 은기의 정교한 장식은 중국에서 선

[160] 전통적으로 뇬야(Nyonya) 신부들이 가지고 다녔던 예식용 장신구로서 종종 은으로 제작되었다. 이것은 중국과 힌두교−불교 문화권 양쪽에서 온 성스러운 상징물로 돋을문양으로 만들어졌다. 꼭대기의 박쥐, 꿩, 연꽃, 항아리는 모두 분명한 의미를 지니고 있다.

호하는 매끄러운 표면장식과 대조를 이룬다.

따라서 동남아에 미친 중국 영향의 정도는 때와 장소에 따라 매우 다양하게 나타난다. 베트남 엘리트 계층 사이에서 중국 예술의 모델은 최근 20세기까지 오랫동안 독립적으로 유지되었다. 용, 봉황, 유니콘, 연꽃 등을 묘사한 도상이 널리 유행했고, 특히 이것이 베트남 응용예술에 지속적으로 적용되었다. 하지만, 하층사회에서는 토착 전통이 중국 지배가 종식된 이후 지속되었으며, 수세기에 걸쳐 도시의 외곽에서 번성하였다. 그 외의 동남아 지역에서는 중국의 영향은 좀 더 단편적이었으며, 현지 예술의 형태를 압도하지는 못했다. 중국에서 도래한 모티프, 재료, 기술 등이 널리 알려졌음에도 불구하고, 변형 없이 그대로 수용된 경우는 거의 없었다. 중국 예술의 형태는 다음 세기에 걸쳐 유입된 다른 예술의 영향으로 점차 줄어들어 감춰졌다. 그럼에도 불구하고, 동남아 지역의 예술가들은 그들의 작품을 제작하는 데에 중국적인 관념에서 영감을 얻어왔다.

제7장 현대의 예술세계

16세기 이후 동남아에 최초로 등장하는 유럽적 관념은 동남아의 예술적 표현에 그다지 큰 영향을 미치지 못했다. 그러나 식민지배가 저물어 가던 20세기 초에는 동남아 지역의 예술에 새로운 흐름이 나타나기 시작했다. 식민세력에 대한 저항의 물결은 민족주의 운동과 결합하여 예술계를 포함한 다양한 분야로 번져나갔다. 동시에 그동안 다양한 예술계의 주요 후원자였던 왕실은 그 역할을 대부분 상실했다. 유럽인들은 식민지배 시기나 혹은 독립운동 시기에 설립된 예술단체들이 새로운 유형의 작품 활동을 전개하는 것을 적극 지원했다. 예술가들은 주로 과거에 대한 상징, 특히 자신들의 민족이 광대한 영토를 지배하던 시대의 상징을 그렸다. 캄보디아에서는 앙코르 제국이 예술적 영감을 제공했고, 태국에서는 수코타이의 예술이 이와 같은 영감을 제공했다. 새롭게 부상하는 여러 민족국가들이 경험한 유사한 정치적 사회적 변화들은 비록 형태나 재료, 혹은 관념에 있어서는 다양할지라도 유사한 예술적 발전단계를 낳았다. 서구의 예술적 관념은 20세기 초에 일어났던 이러한 새로운 흐름에 일정부분 역할을 담당했다. 이는 이전에 중국의 형식과 관념이 태국에서 그리고 이후 국민국가로 탄생하는 싱가포르, 말레이시아, 그리고 인도네시아에 영향을 주었던 것과 흡사하다.

[161] 빤야 비진따나산(Panya Vijintanasarn) 외. 마라의 격퇴와 깨달음(The Defeat of Mara and the Enlightenment). 1984-87년. 아크릴과 스프레이 페인트. 영국 윔블던 소재의 붓다빠디빠(Buddhapadipa) 사원의 벽화.

[162] 이 작품은 발리 화가
들 중 전통적 궁정미술의 중
심이었던 까마산(Kamasan)
화가들의 작품이다. 이들은
전통적인 이야기 형식을 보
전하는데 가장 큰 역점을 두
었다. 1505×876mm.

제2차 세계대전의 결과로 인도네시아, 필리핀, 그리고
미얀마가 독립을 획득했고, 오래지 않아 말레이시아와 싱
가포르, 캄보디아 그리고 라오스가 그 뒤를 따랐다. 베트
남은 1954년 국가가 둘로 분단됨에 따라 상황이 다소 복
잡하게 되었다. 이러한 분단 상황은 상호간에 갈등을 낳
았으며, 미국의 간섭은 갈등을 더욱 지속시켰다. 또한 이

러한 갈등은 주변국인 캄보디아와 라오스에도 영향을 미
쳤다. 이 시기 캄보디아와 라오스, 그리고 미얀마는 내부
의 정치적 불안정으로 인해 예술가들의 목소리에 귀를 기
울일 여유를 가지지 못했다.

20세기 초 서구적 예술의 영향을 가장 많이 받은 곳
은 인도네시아의 발리이다. 발리에서는 서구의 예술가들

이 자신들의 영역을 구축했으며, 발리 예술에 대한 그들의 영향은 중요하면서도 포괄적이었다. 서구 예술가들 중 가장 잘 알려진 사람은 독일인 월터 스파이스(Walter Spies)와 네덜란드인 루돌프 본넷(Rudolf Bonnet)이다. 이들은 발리 예술가들로 하여금 그들이 일상을 작품에 담도록 권장했다. 이전에는 라마야나와 마하바라따 이야기가 회화의 주요 소재를 제공했다. 이와 같은 주제들은 의복, 혹은 종교적 의식이 치러지는 건물의 처마에 걸어두는 걸개그림(ider-ider), 그리고 끌룽꿍(Klungkung)에 있는 법원의 벽화 등에서 찾아볼 수 있다[162]. 주제와 더불어 재료와 형식에 있어서도 변화가 나타났는데, 이는 이전에 손으로 짠 거친 면직물을 기계로 짠 면직물로 대체하면서 나타난 현상이다. 그림들은 사이즈가 작아졌으며, 운반에도 용이하게 되었다. 또한 주로 흙이나 숯 혹은 뼈 등에서 채취했던 물감은 대부분 아크릴 물감으로 대체되었다. 과거에는 회화가 그림자극에서 볼 수 있는 것처럼 주로 인간과 신의 옆모습을 묘사했지만 이제는 새로운 표현법이 나타나게 되었다.

1936년에 보넷과 스파이스는 우붓(Ubud) 지역의 한 왕자를 도와 화가들의 조합, 피타마하(Pita Maha)를 설립했다. 피타마하는 그림을 시장에 판매할 수 있도록 전시회를 조직하기도 했다. 유럽인인 보넷과 스파이스가 주로 심사를 맡아서 전시회에 참가할 수 작품들을 선정했다. 따라서 그림의 구매자와 두 유럽인의 영향은 서구적 취향이 발리의 예술형식에 스며드는데 일조했다. 주로 도제제도를 통해 스승의 가르침을 받아왔던 예술인들은 유럽의 기법을 따라함으로써 종종 그들의 견해를 수용했다. 발리

[163 & 164] 두 장면들은 나가에 의해 납치된 젊은 여인의 이야기를 묘사하고 있다. [163]은 결혼식을 준비하는 장면. [164] 그림의 왼쪽 부분은 한 쌍의 남녀가 나가의 머리를 운반하는 바다 속 모습을 묘사하고 있고, 오른쪽 부분은 나가의 머리를 노인에게 전달하는 장면이다. 1938년. 모두 266.7× 228.6mm.

의 여타 지역에서는 자신들 나름대로의 형식을 발전시켰
다. 바뚜안(Batuan) 지역에서는 회화가 보다 어둡고, 주
제는 주로 신화적인 내용을 담고 있다[163 & 164]. 끄람
비딴(Kerambitan) 지역에서는 전통적인 와양 모습이 비
록 이전보다 윤곽선이 대담해지고 색채가 다양해지긴 했
지만 여전히 남아 있다.

　1950년대 말에는 또 다른 그룹의 발리 미술이 쁘느스따
난(Penestanan)에서 나타났다. 이는 네덜란드인 화가 아
리 스미트(Aire Smit)가 지역의 젊은 화가들에게 토속적
인 순박한 모습을 화폭에 담도록 권장하면서 시작되었다.
이러한 그림들은 미술품 구매자로 새롭게 떠오르던 관광
객들과 서구의 수집가들에게 인기를 얻게 되었다. 한편
1940년경 발리의 조각가들은 그들의 조각에 독특한 기법
을 도입하는데, 매끈하고 길게 늘어진 모습이 주류를 이
루었다. 일부 독립적인 화가들은 그림을 통해 그들의 내
적 상태를 탐색하기도 했다. 초현실적인 요소를 사용하여
영적이고 정신적인 관념을 표현했다. 예술에 대한 관념이
개인적인 표현으로 확립되면서 이러한 화가들의 작품이
점진적으로 유명세를 탔다.

　인도네시아의 다른 지역에서 서구의 영향을 받은 최
초의 예술가는 라덴 살레(Raden Saleh)이다. 그는 19
세기 자바의 귀족으로서 20년 이상을 유럽에 머물면서
그림을 그렸고, 당시에 유행하던 기법과 형식을 공부했
다. 1920년대까지 그 누구도 라덴 살레의 기법을 따르
지 않았다. 간혹 그의 기법을 따르는 사람들은 수조조노
(Soedjojono)가 이끌던 예술가 그룹에 의해 공격의 대상
이 되었다. 수조조노 그룹은 인도네시아에서 "예술은 독

립을 향한 국가적 열망을 반영해야 한다"고 강조한 사람들이다. 독립을 성취하기 이전까지 인도네시아의 예술세계에 새로운 주장은 나타나지 않았다. 유일한 예외로서 저명한 화가 아판디(Affandi)가 있으며, 그는 표현주의에 해당하는 작품을 그렸지만, 나름대로의 독특한 인도네시아적 화풍을 개발했다.

20세기가 전개되면서 점진적으로 서구의 관념에 대한 저항이 증가했다. 인도네시아에서 이와 같은 경향은 네덜란드의 지배에 대한 저항에서 시작되어, 일본의 점령에 대한 저항, 그리고 1940년대 중반 독립을 향한 마지막 투쟁의 물결로 나타났다. 상가르 시대(Sanggar Period, 1945-49)라고 부르는 짧지만 강렬했던 기간이 있었는데, 이 시기 예술의 초점은 독립초기 시대를 지배했던 정치적 투쟁이나 미(美)에 대한 형식적인 탐색에 두었다. 그 이후로 미술가들은 인도네시아 고유의 형식을 찾기 위하여 전통적인 이미지나 주제들을 주로 묘사했다. 전통적인 미술에 나타나는 주제들, 즉 산이나 배, 혹은 발리나 자바 춤과 같은 전통적 무대예술에 대한 표현은 다수의 사람들에게 국민적 감성을 불러일으킬 수 있으므로 종종 기장(記章)으로 사용되기도 했다. 특히 자바 문화는 인도네시아를 대표하는 상징으로 수용되었다. 보로부두르(Borobudur)와 쁘람바난(Prambanan)에 있는 조각들의 이미지, 혹은 사원 자체의 이미지들까지도 광범위하게 예술에 접목하여 인도네시아를 표상하고자 했다[166]. 비슷한 맥락에서 회화작품이나 바띡 문양의 주제로 등장하는 와양 꿀릿 그림자극의 독특한 옆모습들도 한 때는 주로 자바인들만의 전유물이었던 것이 이제는 많은 작가들이 애용하는 형상이 되었다. 자바에서 공부한 발리의 화가들은 그들의 작품에서 자신의 고향을 상징하는 주제들을 묘사함으로써 발리인의 정체성을 유지했다. 그 예가 발리의 풍경이나 발리춤 장면들, 그리고 발리의 풍요와 건강을 표현하는 것이다. 가장 대표적인 풍경 화가는 헨드라 구나완(Hendra Gunawan)이며[165], 그는 1940년대 말과 1950년대 민중화가들(People's Painters)을 이끌었던 사람이다. 1965년 수까르노(Soekharno) 정권이 붕괴되자 이와 같은 유형의 주제들은 체제 전복적인 것으로 간주되어 표현이 억제되었다.

1950년에 설립된 두 개의 새로운 단체, 즉 반둥기술대학(Bandung Institute of Technology)의 미술학과와

[165] 평범한 인도네시아인들의 삶을 묘사하고 있는 헨드라 구나완의 작품은 한 때 공산당 선전용이라는 비판을 받기도 했다. 그는 인도네시아의 위대한 화가 중의 하나로 손꼽이고 있다. 이웃아이에게 수유(授乳)하는 모습. 1975년. 유화. 940×1490mm.

족자까르따(Yogyakarta)에 있는 국립미술학원은 인도
네시아 미술의 새로운 시대를 이끌었다. 학생들에게 개
성적인 표현을 강조함은 물론 아시아와 유럽 미술의 역
사를 공부함으로써 국제적 미술세계에서 자신들의 입지
를 구축하도록 장려했다. 이는 그들의 작품이 광범위한
근대 미술의 일부로 인식됨과 동시에 인도네시아적 특
성을 표현하기 위함이었다. 주제나 기법 혹은 재료 등
에서 전통적인 요소들을 결합시킴으로써 이러한 목표가
성취되었다. 이와 같은 접근법은 최근 많은 인도네시아
예술가들의 설치미술과 공연예술에서도 수용되어 지속

[166] 스리아디 수다르소
(Srihadi Sudarso) 작. 보로
부두르. 1982년. 유화. 1000
×1400mm.

되고 있다[167].

태국에서는 20세기 초에 이미 서구의 예술에 대한 관심이 지대했다. 1851년부터 1868년까지 재임한 몽꿋(Mongkut) 왕은 자신의 궁정에 유럽인 외교관이나 기술자문관을 불러들여 함께하는 것을 즐겼다. 그의 후원으로 만들어진 많은 건축물에서 서구적 영향을 확인할 수 있다. 궁전이나 사원, 그리고 많은 행정건물들 속에는 태국과 서구 그리고 중국적 양식과 장식물이 서로 혼합되어 있다. 에메랄드 불상이 모셔져 있는 사원벽면 둘레에 그려져 있는 것을 포함한 많은 벽화들이 비록 그 주제가 전통적인 태국의 전경을 묘사하고 있지만, 이미 3차원적 화법이 나타나 있다. 방콕의 포원 사원(Wat Bowon)에 있는 크루아인콩(Khrua In Khong)이 그린 벽화에는 유럽의 선박들과 서양식 의상을 입은 태국인들이 서구적

[167] 해리 도노(Heri Dono)는 1990년대부터 콜라주와 아크릴 미술 분야에서 가장 널리 알려진 작가이다. 그는 주로 거칠고 과장되게 일그러진 모습과 동시에 해학적이고 무서운 모습을 묘사했다. 와양이나 마을 공연 등에 대한 심층적 탐구는 그의 설치와 공연 작품에 많은 영감을 주었다. 헤리 도노 작. 족자까르따에서 공연된 야생말. 1992년.

[168] 방콕의 포원니벳 사원 (Wat Bowon Nivet)에 있는 크루아인콩이 그린 19세기 중반의 벽화. 장면에는 서양식 의상을 갖춘 사람들이 모여서 불교를 상징하는 거대한 연꽃이 호수에서 피어나는 것을 바라보고 있는 모습이다.

영향이 짙은 모습으로 그려져 있다[168].

몽꿋 왕의 아들인 쭐랄롱껀(Chulalongkorn) 왕은 아버지의 진보적 시각을 전수받았으며, 유럽을 두 차례 방문하기도 했다. 그는 기술과 경제 발전을 위한 사상을 도입했을 뿐만 아니라 주로 이탈리아에서 건축가, 미술가, 그리고 조각가들을 불러오기도 했다. 이 예술가들은 궁정에서 태국인들과 함께 작업했다. 따라서 태국에서는 예술을 생각하는 방식이나 예술유형에 있어서 점진적인 변화가 나타났다. 가장 극단적인 변화 중의 하나는 현실주의에 대한 큰 관심과 그것이 성취한 기법들이다.

쭐랄롱껀의 아들이자 후계자인 바지라붓(Vajiravudh) 왕은 그의 아버지가 예술에 대해 가졌던 관심을 지속적으로 유지하면서, 국가 차원에서 예술적 표현의 정수를 회복하기 위해서는 전통적인 접근법을 되살릴 필요가 있다고 생각했다. 그는 1912년 예술부를 설치하였으며, 이듬해에는 미술·공예학교를 설립하여 시각과 공연예술에 대한 교육을 실시했다. 그럼에도 불구하고 바지라붓은 많은 외국 예술가들로 하여금 자신의 궁전과 편전을 장식토록 했다. 그는 또한 아버지의 치세를 기념하는 행사를 위한 그림들과 왕궁의 조각상이나 기념물을 만드는 일에 외국의 예술가를 사용했다. 이탈리아 조각가 코라도 페로시(Corrado Feroci)는 그 중 많은 일을 수행하였으며, 그에 대한 왕실의 후원은 근대 태국 예술의 발전에 가장 큰 영향을 끼쳤다. 실빠 비라스리(Silpa Bhirasri, 페로시의 태국식 이름)가 태국에 도착한 1923년부터 죽음을 맞게 되는 1962년까지 수십 년 동안 수많은 태국 예술가들에게 아버지이자 스승의 역할을 했다.

이전에 태국의 젊은 예술가들은 전통적으로 뛰어난 화가나 조각가의 도제로 봉사하면서 그들의 기술을 연마하고 그들 작품의 다양한 측면을 전수받았다. 이러한 방식에는 유형이나 내용에 있어서 어떠한 변화를 가져올 여지가 많지 않았다. 그리고 개인의 시각을 표현하는 것과 같은 예술적 개념은 전혀 알려지지 않았다. 비라스리의 입장은 다소 역설적인 측면이 있었다. 그는 예술가들에게 자신의 독특한 기법과 유형을 개발함으로써 선배들의 영역에서 벗어날 것을 강조하는 한편, 동시에 그들을 따르는 제자들을 지도하는 선생으로서의 역할을 해줄 것을 강조한다. 그는 태국 화가들에게 유화를 가르치고, 스케치와 인물화 그리고 특히 조소에 있어서 유럽적 양식을 따를 것을 강조했다.

비라스리는 태국정부를 설득하여 지금의 실빠껀(Silpakorn)대학교인 예술대학을 설립하도록 했다. 그

[169] 키엔 임씨리 작. 음악 리듬(Musical Rhythm). 1947년. 금속 주물. 높이 540mm.

는 그 곳에서 학생들에게 태국사회에 대한 그들의 비전을 표현할 수 있는 새로운 방법을 모색토록 했다. 교과과정에는 태국과 유럽의 전통예술에 관한 기법과 역사를 포함시켰다. 오랫동안 태국의 예술가들은 유럽의 표현방식으로 대부분 유럽인들의 주제를 작품에 담아왔다. 그들은 인상파, 큐비즘, 초현실주의, 그리고 후기인상주의의 작품들을 탐구하고 모방했다. 비라스리의 한 제자로서 다음 세대에 지대한 영향을 남긴 푸아 하리비딱(Fua Haribhitak)의 작품은 비록 수십 년 전에 유럽에서 유행

했던 작풍이긴 하지만 다양한 측면에서 유럽 예술가들의 작품과 흡사하다[170].

20세기 전반부 대부분의 기간 동안 태국의 화가들은 주로 서구의 양식을 본 따 정물화나 인물화를 그렸으며, 그 주제들로는 발레리나, 피아니스트, 또는 누드와 같은 비전통적인 인물들이었다. 그럼에도 불구하고 이들 작품에는 태국인의 독특한 시각이 나타나기 시작했는데, 키엔 임씨리(Khien Yimsiri)의 작품, 음악 리듬(1947)에 나타난 육체의 우아한 포즈나 손가락의 표현법[169], 그리고 쁘라송 빠다마냐(Prasong Padamanuja)의 작품, 포 사원(1958)에 묘사된 원추형 불탑의 반복적인 배열이 그 예들이다[171].

[171] 쁘라송 빠다마냐 작. 포 사원(Wat Pho). 1958년. 포스터 컬러. 870× 1070mm.

몇 가지 움직임을 통해서 태국의 예술적 과거에 대한 관심이 다시금 일어났음을 감지할 수 있다. 우선 1970년 대 실빠껀대학교에 태국 전통예술학과가 개설되었다는 것을 들 수 있다. 이 학과의 학생들은 민속이나 고전적 전통으로부터 태국 전통예술의 유형을 탐구하고 재해석할 것을 지시받았다. 한편 어느 정도 이름이 알려진 예술가들은 대부분 외국, 특히 미국이나 영국에서 일정 기간의 훈련과정을 밟았다. 이러한 훈련과정은 새로운 서구의 양식에 대한 보다 자신 있는 시도를 할 수 있도록 했다. 이와 같은 두 방향의 움직임이 서로 융합하여 많은 태국의 예술가들이 전통과 현대, 서구와 동양의 양식을 모두 수용하여 태국적인 예술의 정수를 창조하였다. 따라서 예술이 태국사회에서 종교적 신앙과 국왕에 대한 경의의 표시라고 하는 전통적인 기능을 지속하면서도 다른 동남아 국가들과는 달리 서구의 영향을 거부하지 않았다. 식민통치로부터 독립을 쟁취하기 위해 싸우지 않았던 태국으로서는 아마도 국가적 정체성을 표현하기 위한 예술이 그다지 필요치 않았을 것이다. 오히려 자본주의, 도시화, 그리고 세계화와 같은 영향이 태국적인 가치와 생활방식에 어떠한 영향을 줄 것인가에 대한 경각심과 함께 국제적인 예술의 흐름에 관여하고자 하는 열망이 더 널리 퍼져 있었다. 1960년대 이래 많은 태국의 예술가들이 이러한 관심을 그들의 작품에 뚜렷이 담았다.

태국에서는 예술가 협회들이 예술계의 지배적 위치를 차지하고 있다. 현대 작가들의 작품은 정교한 기법을 나타내는 경향이 있으며, 재료를 다루는 예술가의 기술도 언제나 명백하다. 전통적으로 태국은 주로 선이나

[172] 몬띠엔 분마 작. 물
(Water). 1991년. 사(saa) 종
이 위에 흙 안료 사용. 연기
와 흙 안료를 사용한 테라코
타 항아리. 3800×4500×
400mm.

세부묘사의 섬세함과 구도의 복잡성으로 예술작품을 평
가해 왔다. 태국의 예술학교에서 제공하는 엄격한 기술
적 훈련과 더불어 이와 같은 평가기준은 예술작품에서
표현의 우수성과 함께 종종 기술적인 측면도 높은 인정
을 받았다. 태국 예술가들은 또한 신중하고 사려가 깊
다. 그들은 작품이 담고 있는 분명한 의미를 통해 애호가
들과 소통하려고 한다. 많은 예술가들은 내적 영혼과 종
교적 세계에서 작품의 주제를 찾는다. 일례로 몬띠엔 분
마(Montien Boonma)의 작품은 불교적 사상을 담고 있
으며, 이는 그가 선택한 재료에서도 나타난다. 그는 재
활용품을 활용함으로써 모든 것은 본질적으로 가변적이
라는 불교의 사상을 표현했다[172]. 그의 예술은 대단
히 본질적이며 정신적이고 종교적이다. 그의 작품의 진
지함은 존경받는 태국 예술가로서의 그의 위상을 나타
내는 핵심적 요소가 되어 왔다. 빠야 위진따나산(Panya

Vijintanasarn)의 작품도 불교적 관심을 묘사하고 있다. 1985년부터 1987년까지 그는 영국 윔블던에 있는 붓다 빠디빠(Buddhapadipa) 사원의 벽화를 그렸다. 그는 사원의 벽면 그림에 전통적인 주제가 아닌 사회에서 발생하는 사건과 그 전개를 알 수 있는 인물들과 관념들을 포함시켰다. 이를 통해 그는 종교와 개인이 함께 현대적인 이슈에 관심을 가져야 함을 나타냈다. 다른 많은 예술가들은 보다 외향적인 작품을 통해 사회나 정치, 혹은 환경적인 문제를 표현한다. 수띠 꾸나윗야난(Sutee Kunavichyanant)은 사람들이 소중하다고 생각하는 세상의 다양한 측면들이 단순히 의미 없이 사라질 것이 아니라면 이를 유지할 필요가 있음을 강조했다. 백상(1999)은 실제 크기의 코끼리가 옆으로 누워 있으며, 그 코끼리에는 호스가 몇 개 달려있어서, 관객들이 페달을 밟아 공기를 주입함으로써 코끼리의 모습을 유지할 수 있게 만

[173] 수띠 꾸나윗야난 작. 백상(White Elephant). 1999년.

든 예술작품이다[173]. 최근 태국 예술가들은 예술 그 자체의 역할과 형식에 관해 논의하기 시작했다.

1925년까지 베트남의 예술은 주로 불탑이나 사원, 혹은 마을 공동체에 대한 봉헌의 의미로 이루어졌다. 이 시기의 프랑스 식민정부는 하노이에 고등예술학교(Ecole Superieure des Beaux-Arts)를 설립했다. 식민정부에 의해 운영되던 교육제도의 일부로써 이 예술학교는 프랑스 예술학교의 모델을 따왔고 교육과정과 접근법도 거의 같았다. 예술에 대한 태도는 프랑스 아카데미의 이념을 따라 지극히 보수적이었으며, 당시 유럽예술에서 널리 퍼져있던 보다 혁명적인 이념은 거의 무시되었다. 그러나 동양예술에 대한 일부의 관심이 나타났으며, 곧 칠기작품과 실크회화가 소개됨으로써 베트남 전통에 대한 관심이 부각되었다.

그럼에도 불구하고 학습과정은 주로 전통적인 서구의 장르와 유형을 따랐다. 즉 누드나 거리풍경, 혹은 초상화 등이 지배적인 유형이었다. 새로운 관념을 추구하기보다는 기술적 측면을 훈련하는 것을 주된 목표로 삼았다. 제2차 세계대전 전까지의 작품에서 기존의 정치적 혹은 예술적 질서에 도전하는 증거는 거의 발견할 수 없다. 응우옌쟈찌(Nguyen Gia Tri)를 포함한 몇몇 예술가들(Nguyen Tuong Lan, To Ngoc, Tran Van Can)은 베트남 현대 예술가로서 이름을 얻었다. 이들은 주로 자신들이 배웠던 새로운 기법을 충분히 소화해 내고, 또한 이를 학생들에게 가르치면서 후속세대에게 많은 영향을 미쳤다[174].

1945년 혁명을 통해 베트남 북부에 민주공화국이 창설

되었다. 1946년에 발발한 전쟁은 프랑스를 공산주의 베
트남 정부의 적으로 만드는 것이었고, 이는 또한 예술적
성향에 있어서도 분리되는 결과를 낳았다. 공산주의를
추종하는 예술가들은 예술이 제국주의나 부르주아의 이
해보다는 민족과 국가에 봉사하는 애국적 의미를 추구해
야 한다고 생각했다. 큐비즘이나 인상주의, 혹은 여타 근
대주의 운동들은 퇴폐적이고 기회주의적인 것으로 비판
했다. 응우옌쟈찌나 따띠(Ta Ty)와 같은 예술가들은 이
러한 사조의 영향을 깊이 받았으며, 거기에서 벗어나기
어렵다는 것을 알게 되었다. 예술가들은 자신들의 작품
이 혁명을 증진시키는데 중요한 역할을 한다는 사실을
즐겼다. 그들은 서구의 재료와 도구를 사용하면서도 서

[175] 쩐반짠(Tran Van Can) 작. 해변의 여군(Militia Women in the Coastal Zone). 1960년. 유화. 600×820mm.

구의 유형적 접근법은 거부했다. 북부 일부 지역에 프랑스 통치가 복구되면서 1950년에는 예전의 예술학교 선생들이 비밀리에 새로운 예술학교(Ecole des Beaux-Arts)를 설립하여 학생들을 가르치기 시작했다. 이것이 베트남 현대예술의 기초가 되었다. 사회주의적 사실주의가 그들이 가르치는 유형이었으며, 모든 작품의 주제에 중심적 요소가 되었다. 예술작품들은 노동자, 농민, 그리고 군인들을 묘사하고 있으며, 그들의 외형을 표현하고 그들 삶의 현실을 반영했다[175]. 예술작품의 우수성에 대한 평가는 서구의 평가방식으로 훈련받은 전문비평가에 의해서가 아니라 일반인들의 반응을 근거로 했다. 이러한 예술의 역할과 사회와의 관계에 관한 새로운 논리는 베트남 예술이 명시적인 의미를 담고 또한 표현하는 것을 의미했다.

새로운 공화국의 화폐를 도안한 응우옌상(Nguyen Sang)과 쑤언파이(Xuan Phai), 응우옌 뚜응이엠(Nguyen Tu Nghiem), 그리고 즈엉리엔(Duong Bich Lien) 등 네 명의 예술가들이 베트남 예술계를 주도하기 시작했다. 예술은 공적인 사상을 반영함으로써 문맹퇴치나 토지개혁, 그리고 산업화를 위한 캠페인에 공헌했다. 이러한 예술 활동의 많은 부분이 1955년 하노이에 건립된 새로운 공립예술학교(new official Ecole des Beaux-Arts)를 중심으로 이루어졌다. 여기에서는 예술이 사회적 연대에 얼마나 공헌하느냐가 중요시 되었다. 미국과의 전쟁 기간이었던 1965년부터 1973년까지 예술가들은 애국적 사업에 깊이 관여했다. 이들은 전쟁에 참가하는 사람들을 영웅으로 찬양하는 선전 포스터들을 제작했다. 따라서 베트남 예술은 서구의 형식을 거부한 반면, 현대 중국이나 특히 소련식 모델의 영향을 크게 받았다. 베트남은 주변의 국가들처럼 진정한 국가 정체성을 찾으려는데 많은 노력을 기울이지 않았다. 그러나 일부 작품들은 비단이나 래커를 재료로 사용하고, 중심 소재를 베트남 서예에서 찾는 경향을 나타내기도 했다.

1973년 미국이 전쟁에서 패하여 물러간 후 수립된 민주공화국에서는 예술의 형식을 지배해 왔던 편협한 구속들이 다소 느슨해졌다. 특히 남부에서는 예술가들로 하여금 자신의 개성을 개발하고 탐구하도록 장려함으로써 예술에 대한 보다 폭넓은 시각이 지속적으로 성장했다. 1976년 통일 이후에는 전 지역의 예술가들이 보다 자유로운 형식과 색채, 그리고 선의 추상적 요소들을 탐구하게 되

억고, 이전의 구상주의 예술세계에서 벗어나게 되었다
[176]. 오늘날 베트남의 예술은 과감한 실험과 역동성을
특징으로 하고 있으며, 이는 점진적으로 늘어나는 자신감
을 반영하는 것이다.

동남아에서 영국의 식민 지배를 경험하고, 이후 말레이
시아로 독립한 지역에 살던 원주민들은 서구의 예술과 별
다른 연관을 찾을 수 없다. 19세기 말레이는 이슬람 부흥
운동을 경험하면서 식민지 예술가들에 의해 대표적으로
선호되던 예술적 양식을 격렬히 거부했다. 서구식 교육을

[176] 부이쑤언파이(Bui
Xuan Phai) 작. 체오(Cheo).
1987년. 포스터 칼라. 210×
160mm.

받은 말레이 예술가는 찾기 힘들며, 영어 학교에서 수학한 사람들은 주로 자신들의 경제적 사회적 지위를 향상시키는 것에 관심을 집중했다.

따라서 20세기가 되어서야 영어와 중국어 학교에서 교육받은 일부 사람들이 예술에 관한 서구적 관념에 관심을 가지기 시작했다. 페낭, 말라카, 쿠알라룸푸르, 그리고 싱가포르와 같이 대도시에 살면서 세계적인 시각을 가진 사람들이 바로 이들이었다. 예술 분야에서의 초기 경향은 토속예술의 상징적이며 종교적 전통보다는 주로 관찰에 근거한 조형적인 작업이었다. 이러한 새로운 접근은 다양한 종족 배경을 가진 현지 예술가들로 하여금 형식과 유형에 있어서 지속성을 나타내기보다는 자신을 표현하는 사적인 관념에 초점을 둠으로써 상호 연결점을 발견했다. 풍경화, 초상화, 그리고 정물화가 그들에게 생소했던 서구의 재료인 유화나 수채화의 형식으로 그려졌다.

제2차 세계대전 후 가장 영향력 있는 예술관련 기관은 싱가포르에 있는 난양예술학교(Nanyang Academy of Fine Art)였다. 이곳의 많은 선생들이 1911년 신해혁명 이후 사회주의적 현실주의가 소개된 중국으로부터 왔다. 그러나 당시의 중국 예술가들은 입체파나 야수파(野獸)파와 같은 인상주의 화가들의 작품도 연구했다. 그들은 학생들에게 과거의 구속으로부터 해방된 자신만의 예술적 언어를 추구할 것을 가르쳤다. 그들은 다양한 형식과 기법을 시도함으로써 비록 그들의 작품이 동양적인 요소들을 담고 있지만 전통적인 도구와 도상에서 벗어났다.

1950년대까지 일부 예술가들은 유럽에 있는 예술학원에서 공부했으며, 입체파와 표현주의에서 나온 추상예술

의 정신을 그들의 작품에서 발전시켰다. 그들이 경험한 세계를 자유롭게 표현할 수 있는 것은 매력적인 것이었다. 그러나 그들은 단순히 서양 예술을 그대로 추종하는 것이 아니라 지속적으로 아시아적 맥락을 유지했다. 샤이드 아마드 자말(Syed Ahmad Jamal)의 작품 미끼(The Bait)에서 볼 수 있는 것처럼 흰 배경 바탕 위에 소용돌이 모양들은 중국화의 자유로운 필법과 서예의 우아함을 동시에 느낄 수 있다[177]. 추상적 표현주의가 서구와 아시아의 형식을 융합하는 매개로 사용되었다.

식민지 기간 동안 말레이시아 예술가들은 예술을 사회적 정치적 이슈를 부각시키기 위한 도구로 거의 사용하지 않았다. 하지만 일부는 그들의 작품에서 식민지적 현실

[177] 샤이드 아마드 자말 작. 미끼(The Bait). 1959년. 유화. 1540×1220mm.

을 묘사하기도 했다. 특히 중국에서 교육받고 '적도그룹'
(Equator Group)에 소속되어 1940년대 말부터 1950년
대 초까지 영국령 말라야에서 공산주의 봉기에 가담했던
일부 예술가들은 사회주의적 현실주의 형식을 수용하여
빈곤층의 노동 현장을 묘사하기도 했다. 영국 식민정부
는 물론 독립 후 싱가포르 정부도 적도그룹의 활동을 금
지시켰다. 이후 난양그룹의 일부 예술가들이 사회적 현실
을 묘사하기는 했지만, 이 당시 사람들을 묘사한 그림들
은 대부분 낭만적이고 목가적이었다. 현실주의 형식의 작
품들도 사람들의 태도나 환경을 변화시키려는 목적을 추
구하지는 않았다.

[178] 여진렝(Yeoh Jin Leng) 작. 논, 난, 언덕, 하늘(Padi Field, Orchard, Hill, Sky). 1963년. 유화. 830×1020mm.

1957년 독립의 성취는 말레이시아 예술계에 중요한 영향을 미쳤다. 집권당인 통합말레이민족기구(UMNO)는 말레이인이 중심이 된 민족주의를 추구했다. 말레이 풍경이 중심적 이미지가 되었고, 풍요로운 논은 평화로운 사람들의 이상적인 이미지와 더불어 새롭게 일어나는 젊은 국가를 상징적으로 나타냈다[178]. 이러한 경향에 국가의 문화적 정체성을 확립하는 데 기여할 수 있는 과거의 요소들도 포함되었다.

1969년에는 말레이 원주민들과 이민자의 후손, 특히 중국인들 간의 종족갈등이 폭동으로 번졌다. 그 후 2년이 지나 국립문화협회(National Cultural Congress)는 말레이인의 문화적 가치와 유형이 다른 종족집단의 그것에 우선한다는 공식적 입장을 밝혔다. 비록 다른 토착그룹들도 일정한 특권이 부여되었지만 말레이인에 대한 특권은 국가의 공식적 문화정책이 되었다.

이 새로운 문화정책을 통해 이슬람과 관련된 소재와 주제는 물론 목각, 보석, 금자수나 금장식과 같은 말레이 예술의 전통적 방식의 사용이 권장되었다. 1978년 말라야 대학에서 열린 전통 말레이 응용미술 전시회는 말레이의 정체성과 자부심을 강화하는 데 일조했으며, 마라공과대학(Mara Institute of Technology)의 미술-디자인학과 출신 예술가들에게 특별한 자극이 되었다. 말레이 문학에 나오는 신화와 전설이 종종 이즈음 예술 소재의 중심이 되곤 했다. 1980년대에 이와 같은 경향은 보다 확대된 국제적 이슬람 부흥운동의 일부가 되었으며, 잘 정돈된 비구상주의적 표면장식과 같은 표현이 강조되는 결과를 낳았다[180].

1971년 국립문화협회의 공식입장 발표 이후 비말레이계

[179] 켈빈 캅록레옹 작.
블라윙, 끄라믄, 마맛
(Belawing, Keramen,
Mamat) 1995년. 혼합재료.
1410×570×510mm.

예술인들 사이에 일어난 보다 큰 사회적 정치적 의식은 그들 자신의 입지와 그들 예술의 초점에 관해 고민하게 만들었다. 일부 화인(華人) 예술가들은 시각적 주제로 중국의 민속예술로부터 표의문자와 상징들을 수용하여 중국의 문화와 사상을 표현했다. 또 다른 부류는 중국적 주제를 보다 상징적이며 회화적으로 표현했다. 이들은 말레이인 공동체 속에 살고 있는 중국인들의 모습, 화인 축제,

그리고 말레이시아에 살고 있는 화인들의 세대 간 문화적 차이를 묘사했다. 인도계 예술가들도 유사한 방식으로 말레이시아에서 소수민족으로 살고 있는 자신들의 사회적 위치를 표현했다. 이들은 주로 종교적 축제와 색다른 인도의 문화적 표현법을 이용했다.

켈빈 캅록레옹(Kelvin Chap Lok Leong)과 같은 예술가들의 작품은 다양한 언어집단으로 구성된 말레이시아의 또 다른 측면을 강조한다. 이반족(Iban) 원주민의 이미지와 다른 그룹들이 그의 작품에서 나란히 등장한다[179]. 그의 작품 블라윙, 끄라믄, 마맛(Belawing, Keramen, Mamat)에 사용된 순박한 프레임은 일반적인 말레이인의 일상을 넘어 밀림의 분위기를 연상케 한다.

내부적인 다양성을 넘어 보다 확대된 아시아의 일부로서 말레이시아의 넓혀진 관점은 말레이시아 예술가들의 보다 최근 작품에서 나타난다. 보다 많은 예술가들이 종족적 문제를 넘어 지구적 자본주의, 환경, 그리고 밀림의 파괴와 같은 문제들에 관심을 나타내기 시작했다. 오늘날의 예술가들은 자연적인 것과 인공적인 재료들을 결합한 3차원적인 조형물에서부터 비디오와 컴퓨터 기술을 활용한 설치예술에 이르기까지 다양한 유형의 재료를 사용한다.

유럽예술의 영향이 훨씬 일찍 시작된 필리핀의 상황은 다른 동남아 국가들과 차이가 있다. 스페인 식민통치자들은 지역주민들을 기독교화 시키는데 보다 많은 노력을 기울였으며, 또한 이러한 노력은 성공적이었다. 비록 인도네시아의 네덜란드, 말레이시아의 영국, 그리고 인도

[180] 공중으로 향한 시점과 천상의 모습을 감지하고자 하는 관찰자의 감각이 표현되었다. 화면은 특정 문항으로 채워진 일련의 작은 중첩되는 프레임들로 나뉘어져 있다. 마스뚜라 압둘 라만(Mastura Abdul Rahman) 작. 실내 29번(Interior No. 29). 1987년. 혼합 재료. 1120×1155mm.

차이나의 프랑스가 원주민들의 기독교화를 위해 일정부
분 노력한 것은 사실이지만, 포교의 영향이 필리핀에서
의 스페인만큼 광범위하고 심도 있게 이루어지지는 않았
다. 스페인 식민통치 기간인 1565년부터 1898년까지 필
리핀 예술가들은 서양의 종교예술에서 사용하는 스타일
과 기교, 특히 기도문이나 종교문학에 표현된 가톨릭 도
상을 전수받았다. 필리핀 예술은 언제나 종교와 연관되
어 있으며, 기독교의 광범위한 전파 효과가 예술에서도
극명히 나타난다.

19세기 초에 일어난 경제적 변화는 예술적인 측면에도
영향을 주었다. 환금작물과 국제무역의 발달로 생겨난

[181] 빅토리오 에다데스
(Victorio Edades) 작. 건설
노동자(The Builders). 1928
년. 유화.

부유한 상인과 지주계급의 출현은 새로운 예술시장을 열었다. 새롭게 등장한 부유층은 그들의 문화적 섬세함과 우월한 지위를 드러내기 위해 세속적인 예술품과 건축물을 주문했다. 초상화들은 주인공의 부를 자랑하듯이 화려해졌다.

동남아 다른 지역과 마찬가지로 필리핀에서도 일부 예술가들이 해외에서 교육받을 기회를 가졌다. 이들 중 유럽 예술계에서 정립된 관습을 따른 대표적인 작가는 후안 루나(Juan Luna)와 펠릭스 리슈어랙션 히달고(Felix Resurreccion Hidalgo) 등이다. 이들의 레퍼토리 중 하나는 고대 그리스와 로마풍의 고전적 주제들을 다루는 것이

[182] 페르난도 아모르솔로
작. 논(Rice Fields). 1952년.
유화. 600×850mm.

었다. 그러나 이러한 작품은 그들 이후 등장하는 예술가
들에게 거의 영향을 끼치지 못했다.

　동남아 다른 지역과는 달리 토속적 주제의 등장이 필리
핀의 국가적 정체성을 강화하는 것과 동일시되지는 않았
다. 발리의 경우와 마찬가지로 시골 전경이나 농부의 일
상을 그린 그림들에 대한 수요는 이주민 공동체에 의해
야기되었다. 미국 식민통치 기간인 1901년부터 1941년까
지는 관료들이나 여행객들 혹은 상인들이 선호하는 목가
적인 장르의 미술품 제작이 권장되었다. 이러한 유형의
미술로 가장 유명한 작가는 20세기 초에 활동한 페르난도
아모르솔로(Ferando Amorsolo)이다[182].

　20세기 초 일부 필리핀 예술가들은 자신들의 작품을 교

회와 식민지정부의 권위에 도전하는 의미로 사용하기 시
작했다. 이 시대에 나타난 호세 페레이라(Jose Pereyra)
나 조지 피네다(Jorge Pineda)와 같은 작가들의 작품은
필리핀 예술계에 새로운 주제를 제공했다. 이러한 경향은
빅토리오 에다데스(Victorio Edades)에 의해 도입되어 전
파된 모더니즘에 의해 더욱 진전되었다. 빅토리오는 필리
핀에서 '모더니즘의 아버지'로 간주되기도 한다[181]. 이때
까지 필리핀 예술계는 학술적 풍토에서 훈련된 예술가들
의 영향력 하에 있었다. 각각의 예술가들이 스스로의 목
소리를 추구하며 자아를 표현하는 매개로서 예술을 바라
보는 근대적 접근법은 이들에 의해 강력히 거부되었다.
그럼에도 불구하고 몇몇 그룹들이 이와 같은 경향에 도전
하여 일어났으며, 1950년대 중반에는 모더니즘이 필리핀
예술무대의 중심에 자리하게 되었다.

20세기 후반부에는 필리핀 예술가들의 다양한 접근법
이 나타났다. 그 중 하나는, 비록 프랑스와 미국의 모델
을 따르긴 했지만, 국가적 특이성을 발견하려고 노력한
예술가들에 의해 수용된 추상적 표현주의였다. 이전에
일부 예술가들이 사회적 문제를 탐구하고 빈곤층의 삶을
담아내기 위하여 신현실주의를 주창한 바 있다. 이후 예
술가들은 동일한 주제를 묘사했지만 사회적 문제보다는
필리핀의 정체성을 표현하고자 했다. 필리핀 예술의 대
표적인 유형이 매혹적인 현실주의를 탐색하는 풍경화 작
가들에 의해 주도되었다. 1960년대 후반에 필리핀 예술
가들은 당면한 사회적 문제에 대한 대응에 관심을 가지
면서 조형미술을 통해 정치적 색채를 표현했다. 보다 최
근에 예술가들은 보다 다양한 재료들을 실험하고 있으

며, 3차원적인 예술이 널리 퍼지기도 했다[183]. 동남아의 다른 국가들과 마찬가지로 필리핀이 자신의 정체성과 주체성에 보다 자신감을 갖게 됨에 따라 예술가들이 필리핀 고유의 형식을 찾으려는 것에 덜 집착하게 되었다. 더불어 자신들의 작품이 국제 예술계의 흐름에서 그 위치를 발견하기 시작했다.

동남아 예술은 언제나 강한 전통의 지속을 특징으로 한다. 동남아의 다양한 지역에서 예술 작품은 수세기에 걸쳐 안정적으로 유지되어 온 형식과 세계관을 지속적으로 반영하고 있다. 기독교화가 이루어진 것처럼 신앙의 변화가 일어난 곳에서는 새로운 신앙을 반영하는 도상이 이전의 신앙을 표현하는 토속적인 형식과 결합되어 기존의 미적 표현법에 융화되었다. 예술학계나 국제 예술시장 밖에서는 전통적인 도구를 이용한 작품들이 여전히 생산되고 있다. 그러나 경제적 사회적 환경적 변화는 예술품의 특성과 그것을 생산하는 사람들의 동기에 영향을 미친다. 산업화, 도시화, 그리고 관광업의 확대는 전통적 예술의 생산 환경에 전반적인 변형을 가져왔다. 이러한 변화들이 다음 세대의 동남아 예술가들의 작품에 어떠한 영향을 미칠 것인지는 시간을 두고 지켜볼 일이다.

용어

ㄱ

가네샤 (산스끄리뜨어) 지혜와 예술의 힌두신으로 시바와 바르와띠의 아들이며, 코끼리 머리를 하고 있음.

가루다 (산스끄리뜨어) 부리와 발톱을 가진 날개 달린 새 모습과 상체와 팔은 사람의 형상을 하고 있는 신비적 동물이며, 비시누의 승용동물. 때로는 천적인 나가와 싸우는 것으로 묘사됨.

고뿌라 힌두교 사원의 출입문 위에 세워진 직사각형 모양의 탑.

관음보살 산스끄리뜨어로 '아발로끼떼시와라 (Avalokiteshvara, 세상을 굽어 살피는 신성한 존재)'로 대승불교에 있어서 자비를 구현하기 위한 인격체인 5대 보살 중의 하나.

괘 세 개의 직선 또는 파선의 배열로 이루어진 도형. 풍수 도형은 8괘가 원형으로 구성되며, 각각 자연의 순환적 변화를 나타낸다.

깔라 시바의 한 모습인 마하깔라로 시간을 파괴하는 모습의 표현이며, 조각에서는 입을 벌린 악마의 얼굴로 나타남.

깔란 고대 참빠의 사원

께베 (인도네시아 비마어)특히 적에게 손상을 입히는 초자연적인 힘.

꾸부 동중부 수마뜨라의 종족으로 전통적으로 산지 거주자.

끄리스 인도네시아와 말레이 세계에서 사용하는 비대칭적인 물결 모양의 양날 검.

끄르따나가라 동부 자바의 13세기 싱아사리 왕국의 마지막 국왕.

끄라똔 자바 지배자의 왕궁.

끈디 보통 음료수를 담는 목과 주둥이가 달린 토기 물병.

끼블랏 메카의 방향.

끼땁 뜨라술 편지 쓰기를 돕는 말레이인 도우미.

낄린 (麒麟) 물고기 비늘, 발굽, 뿔을 지닌 신비로운 네발짐승. 장수와 행복을 기원하는 중국의 상징.

ㄴ

나가 수계(水界)의 상징인 지하에 거주하는 독사신으로 땅과 하늘을 연결하는 무지개 형상으로 나타남.

남양 '남쪽 바다(南洋)'의 의미로 동남아 지역을 지칭하는 것으로 5세기 이후의 중국 문헌에 언급됨.

ㄷ

다이비엣 현재의 북부 베트남에 11세기 경 등장한 독립 국가

당 618–906년 동안 지배했던 중국의 왕조.

대승불교 불교의 주요 종파로 그 중심 교리는 다수의 보살에 의한 중생의 구원에 있다.

데비 힌두교의 위대한 여신으로 그녀의 힘을 샥띠(Shakti)라고도 함.

데위스리 자바의 다산과 쌀의 여신.

도교 기원전 6세기경의 성인이었던 노자의 가르침에 입각한 중국의 종교철학적 체계.

동썬 기원전 500–300년경 청동기를 제작했던 북부 베트남의 정착지. 이 곳에서 출토된 징 같은 청동기는 북으로 알려져 있다.

드와라와띠 오늘날 중부 태국에서 6–7세기에 걸쳐 성립한 몽족(Mon) 왕국.

디엥 중부 자바의 고원, 8–9세기 걸쳐 많은 힌두

교 사원이 건축된 곳.

딘 베트남 마을의 수호신을 모신 공동체 회관 및 사당.

따리캇 (아랍어에서 파생된 인도네시아어) 무슬림 신비주의자들의 모임. 신비주의적 예술가들의 집단.

따만 아룸 (인도네시아어) ('향기 나는 정원'의 의미) 명상소. 신의 거주지.

따우-따우 (인도네시아어) ('작은 사람'의 의미) 술라웨시 또라자의 해안 절벽에 만들어진 매장지 근처에 두는 망자의 생전 모습을 담은 인물상.

따우숙 Tausug 원래 술루 제도의 졸로 섬 출신의 종족집단으로 필리핀 주요 섬과 보르네오 섬 사이에 산재되어 있음.

따이어족 태국, 라오스, 미얀마 지역에 산재한 종족을 포괄하는 언어집단. 그 집단의 종족 정체성.

딴뜨리 이야기 자바어판 본생담.

뚜그라 오스만 제국 술탄들의 상징적인 서명.

뜨로울란 동부 자바 마자빠힛 왕국의 왕도의 유적지.

ㄹ

라마야나 태국에서는 라마끼엔으로 알려져 있는 ('라마의 이야기') 인도의 대서사시로, 원숭이 하누만의 도움으로 납치당한 아내(시따)를 구출하는 라마의 활약상을 그림.

라삐따 오스트로네시아어족 멜라네시아인들의 조상 또는 그들과 관련된 문화.

라사 (인도네시아어) 맛, 느낌.

롤로 블론요 부부의 인물상으로 데위 스리와 그녀의 남편인 사도노를 지칭하며, 전통적으로 자바에서는 결혼한 부부의 침대 앞에 배치함.

롤로 종그랑 중부 자바 쁘람바난의 9세기 힌두교

사원군.

롭푸리 오늘날 중부 태국의 도시로, 11세기경 크메르의 고대 도시. 또한 11세기에서 14세기에 이르는 태국의 크메르 예술을 의미하기도 함.

른꽁 굽은 손잡이를 한 아쩨의 단도.

리조 1010-1225년 동안의 베트남 지배 왕조로 중국의 지배로부터 독립을 쟁취함.

링가/링감 힌두신 시바와 관련된 생명의 힘을 나타내는 남성의 성기를 상징화 한 것. (이것과 대조적으로 여성의 상징은 '요니'로 불림)

ㅁ

마마사 또라자 중부 술라웨시의 종족집단으로 혈통적으로는 사단 또라자와 연결됨.

마물리 숨바 섬의 귀걸이로 여성 성기의 모양을 띠고 그 생명력을 구현하는 것으로 여김.

마자빠힛 1293년 중부 자바에서 발흥한 힌두 왕국으로 16세기 초에 멸망함.

마하바라따 하스띠나 왕국의 지배권을 둘러싸고 왕가간의 권력 투쟁을 그린 인도의 대서사시.

만다라 붓다와 다른 제신의 형상을 나타내는 우주의 기하학적 문양으로 명상의 도구로도 사용됨.

메루/마하메루 (한역으로 須彌山) 우주의 중심에 위치한 산. 태국의 왕실 장례식을 위하여 세워진 탑.

명나라 1368-1644년 동안 최초로 중국 전역을 지배한 왕조.

몽 오늘날 태국과 미얀마에서 6세기 이후로 다양한 시기에 걸쳐 여러 불교 왕국을 건설했던 종족집단. 중부 태국에서 발흥한 드와라와띠는 그 중에서 가장 알려진 왕국.

므가멘둥 (인도네시아어) '큰 구름'의 의미로 왕실 마차의 차양에서 유래된 (자바) 찌르본 지역의 바띡 문양.

미흐랍 메카의 방향을 나타내는 모스크의 벽감.

밀교 성교와 주술을 포함한 무아경을 통한 우주적 결합을 성취하려는 신앙.

밈바르 모스크의 설교단.

ㅂ

바이라와 13세기 수마뜨라, 발리 및 동부 자바의 밀교적 신앙에서 중심이 된 괴물 모습을 한 시바.

바띡 염료가 묻지 않도록 밀랍을 사용하는 염색 기술.

반야바라밀다 산스끄리뜨어 '쁘라즈냐빠라미따(Prajnaparamita)'(지혜 완성의 뜻)의 한역으로 불교에서 지혜를 발현하는 보살.

발라이 (인도네시아어) 회관.

방콕 시대 방콕에 수도를 둔 1782년부터 현재에 이르는 라따나꼬신 시대로도 알려짐.

보살 산스끄리뜨어 '보디사뜨와(Bodhisattva)'의 한역, 득도하여 붓다가 될 수 있지만, 중생 구제를 위하여 열반에 들기를 연기한 존재.

본생담 산스끄리뜨어로 '자따까(Jataka)'로 불리며, 붓다의 전생인 동물과 인간의 삶에 관한 547가지의 설화집. 각각의 이야기는 붓다의 행위를 예를 들어 특별한 공덕을 보여주어, 후세의 사람들에게 모범을 전해 줌.

빨리어 산스끄리뜨어에서 파생된 성스러운 언어로 상좌불교의 설교와 경전에 사용됨.

빠모르 (말레이어, 인도네시아어) (양날 검) 끄리스 날의 문양.

쀼 서기 초에서 약 9세기에 이르기까지 하부 미얀마를 지배했던 종족집단.

쁘랑 (타이어) 천국의 여러 단계를 나타내는 좁고 긴 기념물(탑)로 크메르 및 태국의 수코타이와 아윳타야 시대의 종교적 건축물에 사용됨.

쁘리야이 (자바어) 상류층.

쁙씨나갈리만 자바 찌르본의 바띡에 묘사된 신비로운 복합 동물로 새, 용, 코끼리 등의 요소로 형성됨.

삐소 (북부 수마뜨라의 바딱어) ('칼'의 의미) 결혼식 날 신랑의 가족이 신부의 가족에게 주는 예물.

ㅅ

사단 또라자 중부 술라웨시의 종족집단.

사완칼록 오늘날 태국 씨사차날라이 지역의 가마터로 수코타이 시대에 도자기를 생산함.

사원/왓 태국의 불교 사원으로 일반 신도에게 개방하는 건물을 포함함.

사원/짠디 (인도네시아어) 고대 힌두교 또는 불교 사원.

상좌불교 개인적인 구원을 강조하는 종파.

샤스뜨라 다양한 예술 형태에 지침을 준 것으로 여겨지는 인도의 경전.

샤이렌드라 8–10세기에 성립한 중부 자바의 불교 왕조.

샨 오늘날 미얀마에 거주하는 따이어족의 한 갈래로 불교를 신봉하고 미얀마의 문화적 요소를 받아들인 종족.

석가모니 ('샤꺄족의 성자'의 의미) 오늘날 네팔 지역의 샤꺄족의 왕가에서 출생한 실존 붓다.

송 960–1279년 동안 중국의 지배 왕조.

수다나 (선재동자) 보살로 보로부두르 사원의 부조에 그 이야기가 나타남.

수라 이슬람교의 경전 꾸란의 장.

수라까르따 중부 자바의 오늘날 솔로(Solo) 지역으로 1745년에 세워진 도시국가.

수르야 힌두교의 태양신.

수르야와르만 2세 (재위 1113–1145년) 왕코르왓을 건설한 앙코르 시대의 국왕.

수방 (말레이어) ('귀마개'의 의미) 아쩨 지역의 묘석 상층부에 사용되는 날개 모양.

수코타이 태국 불교 왕국(13세기-15세기), 그 왕도 및 예술 형태. 시암의 첫 왕도.

수피즘 신비주의적 이슬람 철학.

스뚜빠 (산스끄리뜨어, 빨리어는 '투빠') 실존 붓다나 고승의 유물이나 성물을 안치한 벨형 또는 돔형으로 조성된 언덕.

스리 딴중 고대 자바어 문헌에 나타나는 설화.

스리위자야 7세기에서 12세기까지 번성했던 동부 수마뜨라의 불교 교역국가.

신석기 연마된 석기의 사용을 특징으로 하는 선사 문화. 그런 문화가 지배적이었던 시대.

싱아사리 동부 자바의 왕국(1222-1292년). 싱아사리 지배자들에 의해 건축된 사원이 있는 동부 자바의 유적지.

싱할 스리랑카의 종족과 언어.

씨팟 (아랍어) 특징, 자연.

ㅇ

아두 자뚜아 망자와의 소통을 위하여 산자가 사용하는 니아스 지역의 조상의 인물상.

아르주나 위와하 마하바라따의 영웅 중의 한 명인 아르주나의 결혼에 관하여 고대 자바어로 쓰인 시.

아쇼까 (BC 304-232년) 불교를 채택하고 그 후견자가 되었던 인도 전역에 걸친 제국의 지배자.

아수라 악마.

아윳타야 차오프라야 강 하부 유역의 롭부리 강에 왕도를 둔 1350년에 설립된 왕국.

안남 1885년 프랑스의 보호령이었고 오늘날 베트남 중부 지역에 해당하는 유럽인이 사용했던 지역 명칭.

앙코르 9세기 후반에서 10세기 초 및 11세기에서 14세기까지 걸친 크메르 제국의 왕도.

앙코르왓 12세기 전반에 수르야바르만 2세에 의해 건설된 사원.

앙코르톰 1200년 경 앙코르에 재건된 왕도.

와양 꿀릿 그림자 인형극.

왈리 자바의 이슬람교의 전설적인 성인들.

요니 힌두교에서 여성의 다산을 상징하는 여성 성기 형태의 조각.

울로스 (북부 수마뜨라의 바딱어) 결혼식 날 신부 측에서 신랑 측에 주는 천 또는 예물.

원 1279-1368년 동안 중국의 왕조.

유안샨 대만에서 발견되는 신석기 문화.

융 칠기를 통칭하는 미얀마어 용어이지만, 특별히 새김 칠기의 제작 기술을 나타내기도 한다.

응아두 남성 조상을 경배하는 (인도네시아) 플로레스 섬 응아다 지역의 마을 중심 사원.

이데르-이데르 (발리어) 사원에 걸어두는 채색 천.

이슬람교 유일신 알라를 신봉하는 종교로 그 예언자 모하멧은 서기 6-7세기에 걸쳐 활동함.

인드라와르만 1세 (889-900년) 앙코르 지역에서 왕도를 첫 설립한 지배자.

인(印)/무드라 붓다의 생애에 일어났던 사건을 형상화한 불교의 도상으로 붓다의 몸짓 혹은 손짓.

ㅈ

잠부빠띠 (산스끄리뜨어) 실존한 붓다에게 순종한 왕. 왕관을 쓴 불상을 지칭할 때에도 사용함.

짜끄리 1782년 라마 1세(Phra Phutta Yot Fa)에 의해 설립되어 오늘날까지 지속되고 있는 태국의 지배 왕조.

짠디 븐따르 (인도네시아어) 지붕이 없는 출입문으로 보통 동부 자바나 발리 사원에 나타남.

짱싯따 (1084–1113년) 미얀마 버강 왕조의 2대 국왕.

쩐조 1225–1400년 동안 베트남의 지배 왕조.

족자까르따 마따람 술탄국의 왕가 분열에 따라 1755년 건설된 중부 자바의 도시국가.

주 기원전 1027–221년 동안 중국의 지배 왕조.

진 귀신 혹은 악령.

찌안니안 (복건어) ('자르고 붙임'의 뜻) 모티프 위에 도자기 파편을 붙여 만든 모자이크의 일종.

찔리 (발리어) 다산을 나타내는 특정 인물.

ㅊ

참빠 오늘날 중부 베트남 지역에 성립된 참족의 영역으로, 2세기 말부터 19세기 초까지 지속되었음.

철기 시대 기원전 600–400년경 동남아의 철기 제작 시대. 도서부 동남아에서는 청동기 시대와 일치하여 '철기 시대'의 구별은 없음.

청나라 1644–1911년 동안 중국의 지배 왕조.

청동기 시대 기원전 2천년 전에 대륙부 동남아에 확산된 청동기 제작 시대. 도서부에서는 기원전 천년 말기에 철기 제작과 함께 도입된 시대.

체디 (타이어) 원래 붓다의 성물을 안치한 기념물을 지칭하는 것이었으나, 나중에는 종교 또는 왕가의 중요한 인물의 유물을 안치한 기념물에도 사용됨.

ㅋ

크메르 캄보디아의 언어, 지배 민족 및 그 문명.

ㅍ

푸난 메콩강의 하류에서 발원한 인도 영향을 받은 국가로 서기 1세기에서 5세기까지 강력한 교역 중심지.

풍수/펑수이 ('바람–물'의 의미) 건물을 짓거나 그 배치를 위하여 길조의 자리를 선택하는 기법

피라삿 사람의 신체적 특징을 통해 성격을 파악하는 것. 미래를 점치는 능력.

ㅎ

하디스 예언자 모하멧의 말과 행동과 관련된 전통.

하지 모든 무슬림이 지켜야 할 메카 순례.

헤거 청동북을 시기와 유형에 따라 분류했던 오스트리아 학자 프란스 헤거(Franz Heger)의 이름에서 유래하는 동남아 전역에 걸쳐 발견되는 청동북의 유형.

호아빈 베트남 호아빈의 암반 거주지의 이름에서 비롯된 기원전 900년경에 시작되는 물질문화의 측면에서 본 수렵채취 문화의 유형.

회록색 유약/셀러든 (유럽어) 묽어진 용액에서 산화철의 작용으로 만들어지는 도기에 사용되는 유약의 일종.

흐몽 남서부 중국 및 베트남, 라오스, 태국 등의 국경 지대에 거주하는 언어문화적 민족.

힌두교 다신, 화신, 업의 법칙 및 우주적 영혼의 존재를 믿는 종교.

간추린 참고문헌

동남아 전반

Barbier, Jean-Paul(ed.), 1999. *Messages in Stone: Statues and Sculptures from Tribal Indonesia in the Collections of the Barbier-Mueller Museum*. Milan: Skira.

Bernet Kempers, A.J., 1959. *Ancient Indonesian Art*. Amsterdam: Van der Peet and Harvard University Press.

Brown, Roxanna M., 1977. *The Ceramics of South-East Asia, Their Dating and Identification*. Oxford and New York: Oxford University Press.

Coedès, George, 1968. *The Indianized States of Southeast Asia*, ed. Walter F. Vella, tr. S.B.Cowing. Honolulu: University of Hawaii Press.

Fraser-Lu,Sylvia, 1988. *Handwoven Textiles of Southeast Asia*. Singapore and Oxford: Oxford University Press.

Fraser-Lu, Sylvia, 1989. *Silverware of South-East Asia*. Singapore, Oxford and New York: Oxford University Press.

Girard-Geslan, Maud, et al, 1998. *Art of Southeast Asia*. New York: Harry N. Abrams, Inc.

Guy, John S., 1986. *Oriental Trade Ceramics in South-East Asia, Ninth to Sixteenth Centuries*. Singapore and Oxford: Oxford University Press.

Holt, Claire, 1967. *Art in Indonesia: Continuities and Change*. Ithaca, NY: Cornell University Press.

Jessup, Helen Ibbitson, 1990. *Court Arts of Indonesia*. New York: Asia Society Galleries and Harry N. Abrams, Inc.

Rodgers, Susan, and Pierre-Alain Ferrazzini, 1985. *Power and Gold: Jewelry from Indonesia, Malaysia and the Philippines*. Geneva: MuseéBarbier-Müller, Prestel.

Stadtner, Donald M., 1999. *The Art of Burma: New Studies*. Mumbai: Marg Publications.

Taylor, Paul Michael(ed.), 1994. *Fragile Traditions: Indonesian Art in Jeopardy*. Honolulu: University of Hawaii Press.

Van Beek, Steve, and Luca Invernizzi Tettoni, 1991. *The Arts of Thailand*. London: Thames & Hudson.

제1장

Bellwood, Peter, 1978. *Man's Conquest of the Pacific: the Prehistory of Southeast Asia and Oceania*. Auckland and London: Collins.

Bellwood, Peter, 1997. *Prehistory of the Indo-Malaysian Archipelago*. Honolulu: University of Hawaii Press.

Bernet Kempers, A.J., 1988. 'The Kettledrums of Southeast Asia: A Bronze Age World and its Aftermath.'*Modern Quaternary Research in Southeast Asia*, volume 10.

Heekeren,H.R.van, 1958. *The Bronze-Iron Age of Indonesia*. The Hague: Nijhoff.

Heine-Geldern, Robert, 1945. 'Prehistoric research in the Netherlands Indies'. In Pieter Honig and Frans Verdoorn (eds.),

Science and Scientists in the Netherlands Indies. New York: Board for Netherlands Indies, Surinam and Curacao.

Higham, Charles, 1989. *The Archaeology of Mainland Southeast Asia: From 10,000 BC to the Fall of Angkor*. Cambridge: Cambridge University Press.

Higham, Charles, and Rachanie Thosarat, 1998. *Prehistoric Thailand: From Early Settlement to Sukhothai*. London: Thames & Hudson.

Lien, Chao Mei, 1991. 'The Neolithic Archaeology of Taiwan and the Peinan Excavations'. *Bulletin of the Indo-Pacific Prehistory Association*, volume II.

Thomassen àThuessink van der Hoop, A.N.J., 1933. *Megalithic Remains in South Sumatra*, tr. W. Shirlaw. Zutphen: W.J.Thieme.

제2장

Barbier, John Paul, and Douglas Newton, 1988. *Islands and Ancestors: Indigenous Styles of Southeast Asia*. Munich: Prestel.

Chin, Lucas, and Valerie Mashman(eds.), 1991. *Sarawak Cultural Legacy: A Living Tradition*. Kuching: Society Atelier Sarawak.

De Jonge, Nico, and Toos van Dijk, 1995. *Forgotten Islands of Indonesia: The Art and Culture of the Southeast Moluccas*. Hong Kong: Periplus Editions.

Feldman, Jerome, 1985. *The Eloquent Dead: Ancestral Sculpture of Indonesia and Southeast Asia*. Los Angeles: UCLA Museum of Cultural History.

Feldman, J. A., et al, 1990. *Nias Tribal Treasures: Cosmic Reflections in Stone,*

Wood and Gold. Delft: Volkenkundig Museum Nusantara.

Kartik, Kalpana, 1999. 'Images of the Dead: Megalithic Stone Tombs and Ancestor Worship in Sumba'. *Arts of Asia*, volume 29 no.5.

Rassers, W.H., 1940. 'On the Javanese Kris'. *Bijdragen tot de Taal-,Land-, en Volkenkunde van Nederlandsche-Indie*, Volume 99.

Richter, Anne, 2000. *The Jewelry of Southeast Asia*. London: Thames & Hudson.

Sellato, Bernard, 1989. *Hornbill and Dragon*. Jakarta: Elf Acquitaine Indonésie.

Taylor, Paul Michael, and Lorraine V. Aragon, 1991. *Beyond the Java Sea: Arts of Indonesia's Outer Islands*. Washington DC and New York: National Museum of Natural History, Smithsonian Institution, in association with Harry N. Abrams Inc.

Waterson, Roxana, 1990. *The Living House: An Anthropology of Architecture in South-East Asia*. Singapore, Oxford and New York: Oxford University Press.

제3장

Bernet Kempers, A.J., 1991. *Monumental Bali: Introduction to Balinese Archaeology and Guide to the Monuments*. Berkeley: Periplus Editions.

Fischer, Joseph, 1994. *The Folk Art of Java*. Kuala Lumpur and Oxford: Oxford University Press.

Fischer, Joseph, and Thomas Cooper, 1998. *The Folk Art of Bali:* The Narrative

Tradition. Kuala Lumpur and Oxford: Oxford University Press.

Fontein, Jan, 1990. *The Sculpture of Indonesia.* Washington DC: National Gallery of Art.

Giteau, Madeleine, 1999. *Khmer Art: The Civilisations of Angkor.* New Holland: Weatherhill.

Guillon, Emmanuel, 2001. *Cham Art: Treasures from the Da Nang Museum, Vietnam.* London: Thames & Hudson.

Lunsingh Schleurer, Pauline, and Marijke J. Klokke, 1988. *Ancient Indonesian Bronzes: A Catalogue of the Exhibition in the Rijksmuseum Amsterdam with a General Introduction.* Leiden: Brill.

Jessup, Helen Ibbitson, and Thierry Zephir, 1997. *Millennium of Glory: Sculpture of Angkor and Ancient Cambodia.* London: Thames & Hudson.

Ramseyer, Urs, 1977. *The Art and Culture of Bali.* Oxford: Oxford University Press.

Schnitger, F.M., 1937. *The Archaeology of Hindoo Sumatra.* Leiden: Brill.

Solyom, G., and B. Solyom, 1978. *The World of the Javanese Keris.* Honolulu: East-West Center.

제4장

Fraser-Lu, Sylvia, 1994. *Burmese Crafts, Past and Present.* Kuala Lumpur: Oxford University Press.

Frédéric, Louis, and Jean-Louis Nou, 1996. *Borobudur.* New York: Abbeville Press.

Ginsburg, Henry, 2000. *Thai Art and Culture: Historic Manuscripts from Western Collections.* London: British Museum Press.

Gosling, Betty, 1991. *Sukhothai: Its History, Culture and Art.* Oxford and Singapore: Oxford University Press.

Green, Alexandra, and T. Richard Blurton (eds.), 2003. *Burma: Art and Archaeology.* London: British Museum Press.

Nguyen-Long, Kerry, 1999. 'Vietnamese Blue and White Ceramics, Fourteenth to Seventeenth Centuries'. *Arts of Asia,* volume 29 no.5.

Ringis, Rita, 1990. *Thai Temples and Temple Murals.* Singapore, Oxford and New York: Oxford University Press.

Stargardt, Janice, 1991. *The Ancient Pyu of Burma.* Cambridge: Cambridge University Press.

Strachan, Paul, 1989. *Pagan: Art and Architecture of Old Burma.* Whiting Bay: Kiscadale.

Stratton, Carol, and Miriam McNair Scott, 1981. *The Art of Sukhothai: Thailand's Golden Age from the Mid-Thirteenth to the Mid-Fifteenth Centuries.* Kuala Lumpur and Oxford: Oxford University Press.

제5장

Gallop, Annabel Teh, 1991. *Golden Letters: Writing Traditions of Indonesia.* London and Jakarta: British Library and the Lontar Foundation.

Gallop, Annabel Teh, and E.U.kratz, 1994. *The Legacy of the Malay Letter.* London: British Library.

Harsrinuksmo, Bambang, and S.Lumintu(eds.),

1988. *Keris dan Senjata Traditional Indonesia Lainnya*. Jakarta: Cipta Adi Pustaka.

Kerlogue, F.G., 2001. 'Islamic Talismans: The Calligraphy Batiks'in Itie van Hout(ed.), *Batik Drawn in Wax*. Amsterdam: Royal Tropical Institute.

Lambourn, E., 2004. 'Rethinking Batu Aceh'. *Indonesia and the Malay World*, volume 32(June).

Noor, Farish A., and Khoo, E., 2003. *Spirit of Wood: The Art of Malay Woodcarving*. Hong Kong. Periplus Editions.

O'Neill, Hugh, 1994. 'South-East Asia'in M.Frishman & H. Khan(eds.), *The Mosque: History, Architectural Development and Regional Diversity*. London: Thames& Hudson.

Othman Mohd Yatim, 1998. *Batu Aceh: Early Islamic Gravestones in Peninsular Malaysia*. kuala Lumpur: Persatuan Muzium Malaysia.

Othman Mohd Yatim, 1989. *Warisan Kesenian Dalam Tamadun Islam*. Kuala Lumpur: Dewan Bahasa dan Pustaka Kementerian Pendidikan Malaysia.

Shariffuddin, P.M., 1969. 'Brunei Cannon'. *Brunei Museum Journal*, volume 1 no.1.

Sheppard, Mubin, 1972. *Taman Indera: A Royal Pleasure Ground*. Kuala Lumpur: Oxford University Press.

Sulaiman Othman, Dato'Haji, et al, 1994. *The Crafts of Malaysia*. Singapore: Editions Didier Millet.

제6장

Duggan, G., 2001. 'The Chinese Batiks of Java'. In Itie van Hout(ed.), *Batik: Drawn in Wax*. Amsterdam: Royal Tropical Institute.

Fraser-Lu, Sylvia, 2000. *Burmese Lacquerware*. Bangkok: White Orchid Books.

Ho Wing Meng, 1983. *Straits Chinese Porcelain: A Collector's Guide*. Singapore: Times Books International.

Ho Wing Meng, 1984. *Straits Chinese Silver: A Collector's Guide*. Singapore: Times Books International.

Ho Wing Meng, 1987. *Straits Chinese Beadwork and Embroidery*. Singapore: Times Books International.

Isaacs, Ralph , and T.Richard Blurton. 2000. *Visions from the Golden Land: Burma and the Art of Lacquer*. London: British Museum Press.

Khoo Joo Ee, 1996. *The Straits Chinese: A Cultural History*. Amsterdam: Pepin Press.

Kohl, David G., 1984. *Chinese Architecture in the Straits Settlements and Western malaya: Temples, Kongsis, and Houses*. Kuala Lumpur. Heinemann.

Stevenson, John, and John Guy, 1997. *Vietnamese Ceramics: A Separate Tradition*. Chicago: Art Media Resources.

제7장

De Hartingh, Bertrand, et al, 1998. *Vietnam: Plastic and Visual Arts from 1925 to Our Time*. Brussels: La Lettre Volée.

Djelantik, A.A.M., 1986. *Balinese Paintings*.

Singapore and Oxford: Oxford University Press.

Fenema, Joyce van, et al, 1996. *Southeast Asian Art Today*. Singapore: Roeder Publications.

Fischer, Joseph(ed.), 1990. *Modern Indonesian Art: Three Generations of Tradition and Change 1945-1990*. Jakarta and New York: Panitia Pameran KIAS and Festival of Indonesia.

Gatbauton, Juan T., Jeannie E. Javelosa and Lourdes Ruth R. Roa(eds.), 1992. *Art Philippines*. Manila: Crucible Workshop.

Phillips, Herbert P., 1992. *The Integrative Art of Modern Thailand*. Berkeley: Lowie Museum of Anthropology, University of California.

Piyadasa, Redza, 1998. *Rupa Malaysia: A Decade of Art 1987-1997*. Kuala Lumpur: National Art Gallery of Malaysia.

Poshyananda, Apinan, 1992. *Modern Art in Thailand: Nineteenth and Twentieth Centuries*. Singapore and New York: Oxford University Press.

Sabapathy, T.K. (ed.), 1994. *Vision and Idea: Re-looking Modern Malaysian Art*. Kuala Lumpur: National Art Gallery of Malaysia.

Santa Maris, Felice Prudente (ed.), 1998. *Discovering Philippine Art in Spain*. Manila: Department of Foreign Affairs/ National Centennial Commission-Committee on International Relations. Thai Contemporary Art 2000. Bangkok: Art Centre. Silpakorn University.

Ushiroshoji, Masahiro, and Toshiko Rawanchaikul(eds.), 1997. *The Birth of Modern Art in Southeast Asia: Artists and Movements*. Fukuoka City: Fukuoka Art Museum.

Wright, Astri, 1994. *Soul, Spirit and Mountain: Preoccupations of Contemporary Indonesian Painters*. Kuala Lumpur, New York and Oxford: Oxford University Press.

삽화 목록

제3장

166 Srihadi Sudarso, borobudor, 1982, oil on canvas, 100×140 cm

167 Heri Dono, Wild Horse, Performed at Yogyakarta, 1992, Courtesy the artist.

168 Khrua In Khong, The buddha's Doctrine seen as a Lotus Flower, mural mid 19th century. Wat Bowon Nivet, Bangkok

169 Khien Yimsiri, Musical Rhythm, 1949, cast metal, ht.54cm. Silpa Bhirasri Memorial Museum, Bangkok

170 Fua Haribhitak, Composition, 1955, oil on canvas, 88×65 cm. Silpa Bhirasri Memorial Museum, Bangkok.

171 Prasong Padamanya, Wat Pho, 1958, tempura, 87×107 cm. National Gallery of Art, Bangkok.

172 Montien Boonma, Water, 1991, soil pigment on saa paper, terracotta jars with smoke and soil pigment, 380×450×40 cm. Collection of the artist, Bangkok.

173 Sutee Kunavichyanant, White Elephant, 1999, latex rubber, air balloon, hose, 120×257×380 cm. Silpakorn University Art Centre, Bangkok. Courtesy of the artist.

174 Nguyen Gia Tri, Women, 1951~56, Laquer, 51×72 cm. Collection Duc Minh, Ho Chi Minh City.

175 Tran Van Can, Militia Women in the Coastal Zone, 1960, oil on canvas, 60×82 cm. Fine Arts National Museum, Hanoi.

176 Bui Xuan Phai, Cheo, 1987, poster colours, 21×16 cm. Collection Pham van Bong, Hanoi.

177 Syed Ahmad Jamal, The Bait, 1959, oil on board, 122×154 cm. The Collection of The National Art Gallery Malaysia.

178 Yeoh Jin Leng, Padi Field, Orchard, Hill, Sky, 1963, oil on canvas, 102×83 cm. The Collection of The National Art Gallery Malaysia.

179 Kelvin Chap Kok Leong, Belawing, Keramen, Mamat, 1995, mixed media, 141×57×51 cm. The Collection of The National Art Gallery Malaysia.

180 Mastura Abdul Rahman, Interior no. 29, 1987, mixed oil plant, collage on plywood construction and plant twigs, 112×115.5 cm.
The Collection of The National Art Gallery Malaysia

181 Victorio Edades, The Builders, 1928, oil on board. Cultural Center of the Philippines Collection

182 Fernando Amorsolo, Rice Field, 1952, oil on canvas laid down on board. Photo Christies Images

183 Manuel Rodrigues Jnr., Tinggians, 1978, painted and dyed cloth, 153.1×127 cm. Cultural Center of the Philippines Collection

저자의 헌사

본서에 대한 의견과 제언 및 사진을 제공해준 유럽과 동남아의 모든 친구와 동료들에게 감사의 말을 전하고 싶다. 또한, 본서의 일부 연구를 위해 재정적 지원을 해준 영국학술원의 동남아분과 위원회에도 사의를 표하고 싶다.

찾아보기